Alle zufrieden,
nur du nicht,
weil du Angst hast,
dich durchzusetzen

?

Damit kann Schluss sein.

Rolf Merkle

Lass dir nicht alles gefallen

Raus aus der Nettigkeitsfalle!
Sich wehren lernen.

PAL Verlagsgesellschaft mbH

Seit 35 Jahren der Verlag für praktisch anwendbare
Lebenshilfen erfahrener Psychotherapeuten

Bibliografische Information der Deutschen Nationalbibliothek
Die Deutsche Nationalbibliothek verzeichnet diese
Publikation in der Deutschen Nationalbibliografie,
abrufbar im Internet über http://dnb.d-nb.de

© PAL Verlagsgesellschaft, Mannheim
www.palverlag.de
ISBN 978-3-923614-35-6
25. Auflage 2017
Alle Rechte vorbehalten
Bild Umschlag: ©iQoncept - Fotolia.com

Dr. Rolf Merkle arbeitet zusammen mit seiner Partnerin
und Kollegin Dr. Doris Wolf seit 35 Jahren als
Psychotherapeut in eigener Praxis.

Die Internetseite des Autors

www.rolfmerkle.de

Diese Themen erwarten dich

Lass dir nicht
vorschreiben,
wie du zu leben
hast.

Entscheide selbst,
was dir wichtig ist
und guttut.

Wer, wenn nicht du, kann dein Leben besser machen?

Wir kennen uns nicht und du hast mir das Du auch nicht angeboten. Trotzdem spreche ich dich selbstbewusst mit Du an. Nicht weil ich respektlos sein will, sondern weil du dich durch das Du persönlich mehr angesprochen fühlst. Dadurch nimmst du dir meine Worte mehr zu Herzen und ihre Wirkung ist größer - hoffe ich zumindest.

Ich möchte dir zunächst ein wenig aus meinem Leben berichten. Da gab es eine Zeit, in der ich unsicher und schüchtern war. In Gegenwart anderer war ich angespannt. Ich beobachtete und kontrollierte mich, mein Verhalten und meine Worte. Ich lächelte häufig verlegen und lachte über die Witze anderer, auch wenn mir nicht zum Lachen zumute war.

Ich ließ mich bei berechtigten Kundenansprüchen, oder wenn es um die mangelhafte Qualität eines Produktes ging, schnell abspeisen und überfahren.

Es war mir peinlich, zu einer Veranstaltung zu spät zu kommen. Ich hatte Angst vor missbilligenden Blicken der Anwesenden. Ich getraute mich nicht, Frauen in der Disco oder auf der Straße anzusprechen.

Wenn ich jemanden nach dem Weg fragte, begann ich mit dem Wort »Entschuldigung«.

Ich ließ mich von Verkäufern überreden, Kleider zu kaufen, die mir nicht gefielen oder die mir zu teuer waren.

In Restaurants habe ich so manchen Fraß runtergewürgt, weil ich Angst hatte, mich zu beschweren. Auf die Frage des Obers »War´s recht?« antwortete ich brav mit »Ja«. Natürlich ging ich nicht mehr in das Lokal und ärgerte mich, dass ich so feige war, nicht den Mund aufzumachen.

Machte mir jemand ein Kompliment, wurde ich verlegen und sagte: »Das ist nichts Besonderes«. Ich ärgerte mich über mich, dass ich schüchtern war, und ärgerte mich über meine Mitmenschen, dass diese in meinen Augen so rücksichtslos und egoistisch waren.

Wenn mich jemand um einen Gefallen bat, sagte ich meist sofort »Ja« und ärgerte mich hinterher, dass ich vorschnell zugesagt hatte.

Ich hatte Angst, etwas Persönliches zu erzählen, da ich befürchtete, mein Gegenüber könnte mich auslachen, sich über mich lustig machen und mich ablehnen, wenn er erführe, was ich für ein Mensch bin.

Ich fühlte mich oft einsam und schlenderte mit einem Gefühl des Isoliertseins und Alleinseins wie ein sträunender Kater durch die Straßen in der Hoffnung, eine Märchenfee würde mich ansprechen und von meinem Leid erlösen.

Ich tat vieles, um interessant zu sein. Ich rauchte Pfeife, kleidete mich extravagant, drückte mich gewählt aus und legte mir Accessoires wie z.B. ein Handtäschchen zu. Meine Freunde hielten mich - wie sie mir später gestanden - für sehr selbstsicher, manche auch für arrogant. Sie deuteten meine distanzierte Art (die ein Selbstschutz war) als Selbstsicherheit.

Im Alter von 30 Jahren beschloss ich, so könne es nicht weitergehen. Ich fing an, mein Selbstbewusstsein zu trainieren.

Wie geht es mir heute?

Heute fühle ich mich in Gegenwart anderer entspannt und locker. Ich mache mir nur noch wenige Gedanken um mein Äußeres und wie ich auf andere wirke.

Ich kleide mich so, wie es mir gefällt, und verschwende keinen Gedanken daran, ob ich durch meine Kleidung bei anderen ankomme oder nicht. Ich kontrolliere mich, mein Verhalten und meine Worte nicht mehr.

Bei berechtigten Beanstandungen bestehe ich auf mein Recht als Kunde und bleibe hart. Ich kann zu einer Veranstaltung zu spät kommen und habe keine Angst mehr vor missbilligenden Blicken der Anwesenden. Ich getraue mich, Frauen anzulächeln und mit ihnen zwanglos ein Gespräch zu beginnen.

Wenn ich jemanden auf der Straße anspreche, beginne ich ohne entschuldigende Worte mit »Guten Tag, ich suche/möchte ...«

Ich kaufe, was mir gefällt. Wenn ein Verkäufer meint, er müsse mir sagen, ob mir etwas steht, und er mir etwas aufschwatzen will, dann gebe ich ihm höflich und bestimmt zu verstehen, dass er sich raushalten soll.

Ich kann ohne Komplexe sagen, wenn mir etwas zu teuer ist. Ich kann mir 10 Paar Schuhe zeigen lassen, und, ohne etwas zu kaufen und ohne schlechtes Gewissen, wieder aus dem Geschäft gehen - nicht jedoch, ohne mich bei der Verkäuferin oder dem Verkäufer sehr freundlich für ihre/seine Geduld zu bedanken und ihr/ihm einen schönen Tag zu wünschen.

In Restaurants beschwere ich mich ohne Hemmungen, wenn das Essen nicht gut ist, und lasse es zurückgehen. Ich lasse mich nicht von so dummen Argumenten wie »Sie sind der Erste, dem es nicht schmeckt. Es hat sich noch niemand beschwert.« einschüchtern. Ich bezahle das Essen nicht oder verlange einen gleichwertigen Ersatz. Je nachdem, wie der Ober oder Chef reagiert, gebe ich dem Restaurant eine zweite Chance.

Wenn mir jemand ein Kompliment macht, freue ich mich darüber und sage mit einem guten Gefühl »Dankeschön«. Ich ärgere mich nicht mehr über mich, wenn ich in einer Situation Hemmungen habe - auch das kommt immer mal wieder noch vor.

Wenn mich jemand um einen Gefallen bittet, überlege ich, ob ich seiner Bitte nachkommen möchte. Wenn nicht, sage ich ohne schlechtes Gewissen »Nein«.

Ich habe keine Angst, etwas Persönliches von mir zu erzählen. Was sollen andere schon entdecken? Das Schlimmste, das sie bei mir entdecken können, ist, dass ich ein Mensch bin, der Fehler und Schwächen hat. Ich bin überzeugt, dass ich kein Monster bin und meine schlechten Angewohnheiten aus mir kein Mängelexemplar machen.

Wenn ein anderer sich über mich lustig macht, dann stecke ich das weg - zumindest meistens. Manchmal juckt es mich, aber das ist in Ordnung. Auch ich habe noch meine Punkte, an denen ich verwundbar bin.

Warum erzähle ich dir das?

Anhand meiner Geschichte möchte ich dir zweierlei zeigen:

1. Du kannst dich ändern.

Hemmungen und Schüchternheit sind nicht angeboren, sondern angeeignet.

2. Du kannst nicht immer und überall selbstsicher sein.

Gelegentlich bin ich noch gehemmt und unsicher. Ich bin also nicht in allen Lebenslagen ein vollkommen selbstsicherer Mensch.

Meine Hemmungen behindern mich jedoch nicht. Wenn sie auftreten, nehme ich sie zur Kenntnis. Ich verurteile mich nicht für sie, ärgere mich nicht darüber, dass ich unsicher bin.

Nun frägst du dich vielleicht, wie ich mich von einem unsicheren und schüchternen Menschen in einen relativ selbstsicheren Menschen verwandelt habe, und ob du das auch lernen kannst.

Ja, natürlich! Du kannst viele deiner Hemmungen und Unsicherheiten überwinden. Das »Wie« zeige ich dir in diesem Buch.

Bist du bereit für einen neuen Lebensabschnitt? Bist du neugierig? Habe ich dich gerade »Ja« sagen hören? Wunderbar.

Ehe du dich auf den Weg machst, hier ein paar Tipps, die dir die Reise zu einem gesunden Selbstbewusstsein erleichtern.

Wie du dieses Buch am besten nutzt

Dieses Buch ist keine Urlaubslektüre, die du zur Unterhaltung in einem Atemzug liest und dann für immer beiseite legst.

Betrachte meinen Ratgeber als Coach, der dir hilft, dein Leben besser zu machen.

Gewohnheiten ändern braucht Zeit und Übung. Du kannst dir Enttäuschungen, Umwege und Sackgassen ersparen, wenn du folgende Empfehlungen beherzigst:

1. Beginne mit den Kapiteln 1 bis 5. Wenn du sehr neugierig bist, kannst du zunächst das ganze Buch in einem Rutsch lesen.

2. Danach schau dir unbedingt als erstes das Kapitel 6 an. Ein unglaublich wichtiges Kapitel für die Stärkung deines Selbstbewusstseins.

Wenn du die Übungen dieses Kapitels gemacht hast, dann wähle aus den Kapiteln 7 bis 12 eines aus, das dir besonders am Herzen liegt.

Beginne mit einem Thema,
das für dich nicht super schwierig ist,
eher ein mittelschweres oder leichtes.

So machst du rascher Fortschritte und das motiviert dich, dich mit Elan an schwierigere Aufgaben heranzutrauen.

Befass dich mit einem Thema (Kapitel)
für 30 Tage!

Übe in dieser Zeit, deine Selbstbewusstseinsmuskeln in diesem Bereich zu stärken. Erst wenn du das Thema eines Kapitels beherrschst, gehst du zum nächsten Thema.

Warum 30 Tage? Weil es in der Regel 30 Tage dauert, bis man eine Gewohnheit erfolgreich durch eine andere ersetzt hat.

Also: So lange üben, bis dir das Gelernte in Fleisch und Blut übergegangen und es normal für dich ist.

3. Hab beim Lesen einen Marker zur Hand, um wichtige Textstellen hervorzuheben. Auf diese Weise findest du etwas schneller, wenn du es nachlesen möchtest. Auch bleibt dir dadurch das Gelesene besser haften!

Ich gebe dir in diesem Buch mein Wissen und meine Erfahrungen als Therapeut und als Mensch, der selbst ein geringes Selbstbewusstsein hatte, weiter.

Weißt du, was sehr viele Menschen am Ende ihres Lebens bereuen? Sie bedauern, nicht den Mut gehabt zu haben, ihr Leben so zu leben, wie sie es sich wünschten. Stattdessen haben sie immer das getan, was andere von ihnen erwarteten.

Deshalb wünsche ich dir ganz viel Mut, dein Leben mehr nach deinen Vorstellungen zu leben und zu gestalten.

Dabei wird dir dein gestärktes Selbstbewusstsein helfen, das du mit Hilfe meines Buches in kleinen Schritten erlangen kannst.

Greif zu und bedien dich. Hab Spaß dabei, dein Selbstbewusstsein zu trainieren.

Viel Erfolg wünscht dir

Rolf Merkle

1
Woran erkennt man selbstsicheres Verhalten?

Wenn du nicht dein Leben führst,
dann tut es ein anderer für dich.

Geht es dir wie vielen Menschen, dass du Vorurteile gegenüber dem selbstbewusstem Auftreten hast?

Das wohl größte Vorurteil gegenüber selbstsicherem Verhalten ist, dass es ein Mittel sei, um sich auf Kosten anderer durchzusetzen. Dies ist jedoch nicht der Fall.

Selbstsicheres Verhalten ist ein partnerschaftliches Verhalten. Es ist die Voraussetzung, um mit anderen Menschen eine offene und ehrliche Beziehung eingehen zu können.

Wenn ich selbstbewusst bin, brauche ich keine Täuschungsmanöver, Tricks und Manipulationen, um für meine Rechte einzutreten.

Andererseits erlaube ich anderen nicht, mich in meinen Rechten zu beschneiden.

Selbstsicher zu sein bedeutet,
für sich, seine Rechte,
seine Bedürfnisse und Wünsche zu kämpfen
und die Rechte anderer zu respektieren.

Selbstsicheres Auftreten hat nichts damit zu tun, andere auszunutzen oder so zu manipulieren, dass diese nach unserer Pfeife tanzen.

Es geht darum, sich ohne Hemmungen entfalten und die einem zustehenden Rechte in Anspruch nehmen zu können, ohne anderen dasselbe Recht zu verwehren!

Wenn ich selbstsicher bin, habe ich die Wahl, ob ich mich durchsetzen oder nachgeben will.

Selbstsicher zu sein bedeutet also, entscheiden zu können, wie ich mich verhalte.

Wenn ich mich dafür entscheide, nachzugeben, dann nicht, weil ich Hemmungen oder Ängste habe, sondern weil ich es will.

Wenn ich mich dafür entscheide, selbstsicher aufzutreten, dann tue ich das ohne schlechtes Gewissen.

Selbstsicher zu sein bedeutet in Kontrolle zu sein, selbstbestimmt zu leben.

Eigenschaften selbstsicherer Menschen

Selbstsichere Menschen

▶ wissen, dass sie für ihre Gefühle und ihr Verhalten verantwortlich sind,

▶ kennen ihre Wünsche und Bedürfnisse und können diese äußern,

▶ können Nein sagen ohne Schuldgefühle,

▶ können Komplimente annehmen und machen,

▶ können Kritik äußern und mit Kritik umgehen (ohne eingeschnappt, verärgert oder verletzt zu sein),

▶ können sich (und anderen) Fehler und Schwächen zugestehen,

▶ können ungezwungen auf andere zugehen und Gespräche führen,

▶ können anderer Meinung sein und ihre Meinung sagen,

▶ können mit anderen über sich, ihre Gefühle, ihre Gedanken, und Erfahrungen sprechen, Gefühle (positive und negative) ausdrücken und kommunizieren; tragen also keine Maske und sind authentisch.

Deine Vorteile, wenn du selbstbewusst bist

Du hast weniger Streitereien mit deinem Partner.

Wenn ein Partner nicht selbstbewusst genug ist, dem anderen seine Bedürfnisse und Wünsche mitzuteilen, dann führt das zu Groll- und Ärgergefühlen gegenüber dem Partner. Auf Dauer belasten diese Gefühle die Partnerschaft. Es kommt zu Streitereien und Konflikten.

Du verspürst weniger Groll und Ärger.

Da du Nein sagen kannst und dich von Forderungen anderer nicht mehr überrumpeln lässt, verspürst du weniger Ärger über dich (dass du nachgegeben hast) und weniger Ärger über andere (dass diese deine Gutmütigkeit oder Unsicherheit ausgenutzt haben).

Du wirst von anderen respektiert.

Wenn du selbstbewusst auftrittst, verschaffst du dir Respekt. Fußabtreter sind nicht besonders beliebt - außer vor der Wohnungstür.

Du hast weniger Angst und bist weniger gestresst.

Wenn du selbstbewusst bist, dann kannst du dich wehren, unberechtigte Forderungen ablehnen, Wünsche und Bedürfnisse äußern. Du machst dir weniger Stress und Sorgen, was andere von dir denken könnten. Du kannst besser mit Konflikten umgehen.

Du fühlst dich freier und lebst selbstbestimmt.

Du fühlst dich weniger hilflos und anderen ausgeliefert. Du lässt dich nicht mehr ausnutzen. Du hast das Gefühl, dein Leben im Griff zu haben. Das schenkt dir das Gefühl von Freiheit und Unabhängigkeit.

Du kannst gelassener durchs Leben gehen. Du kannst freier entscheiden, was du willst und was nicht.

Deine Selbstachtung wird gestärkt.

Wenn du selbstbewusst handelst, dann bist du auf dich stolz, bist mit dir und deinem Leben zufriedener - das wirkt sich positiv auf dein Selbstwertgefühl aus.

Sind es dir diese Vorteile wert, selbstsicherer zu werden?

Lohnt es sich für diese Vorteile, ein wenig Zeit und Energie zu investieren?

Hast du gerade genickt und Ja gesagt? Prima. Los geht's.

Im nächsten Kapitel schauen wir uns an, warum wir Hemmungen haben und uns schwertun, selbstbewusst aufzutreten.

2
Warum sind wir schüchtern und unsicher?

Unersättliche Sehnsucht nach Anerkennung macht dich von der Anerkennung anderer abhängig.

Ist dir schon einmal aufgefallen, mit welcher Selbstverständlichkeit, Natürlichkeit und Unbefangenheit viele kleine Kinder auf andere Menschen zugehen, diese anlächeln oder ein Gespräch beginnen?

Ein kleines Kind fällt nicht in eine Depression, wenn ein anderes Kind nicht mit ihm spielen will. Es ärgert sich nicht tagelang über etwas. In Sekundenschnelle hat es den Vorfall vergessen und ist wieder mit etwas anderem beschäftigt. Es ist nicht nachtragend, wenn ihm ein Erwachsener etwas abschlägt.

Und wie geht es uns Erwachsenen? Was für ein Drama machen wir, wenn ein anderer uns ablehnt. Wie oft laufen wir tagelang mit einem langen Gesicht herum, wenn uns eine Laus über die Leber gelaufen ist. Wie schwer tun wir uns, auf andere zuzugehen, diese anzulächeln und anzusprechen. Wie viele Ängste und Skrupel haben wir bei dem Gedanken, jemandem eine Bitte abzuschlagen oder jemanden um etwas zu bitten? Wie lange zögern wir, bis wir endlich unsere Meinung äußern?

Warum sind wir so geworden? Wo sind die Unbefangenheit und die Natürlichkeit geblieben, mit denen wir uns früher so unbeschwert und selbstsicher bewegt haben? Welche Erfahrungen haben dein und mein einstmals natürliches Selbstbewusstsein zerstört und uns in unsichere und schüchterne Menschen verwandelt?

Die Antwort lautet: Wir sind schüchtern, weil wir als Kinder öfter durch Androhung von Liebesentzug eingeschüchtert wurden. Dadurch haben wir eine Angst vor Ablehnung entwickelt.

Angst vor Ablehnung

Durch diese Angst lassen sich Menschen davon abhalten, selbstsicher aufzutreten. Würden wir der Angst, abgelehnt zu werden, nicht erlauben, uns einzuschränken, dann könnten wir uns frei entfalten und ein erfülltes Leben führen.

Beachte bitte: Ich sage nicht, dass diese Angst dafür verantwortlich ist, dass wir Hemmungen haben. Es ist vielmehr so, dass wir uns durch diese Angst lähmen lassen und ihr erlauben, über unser Verhalten zu bestimmen.

»Was wird er/sie von mir denken?« Diese Frage beschäftigt

Tag für Tag Millionen Menschen. Diese Frage und die unausgesprochene Antwort darauf hält uns oftmals davon ab, selbstsicher aufzutreten und unsere Bedürfnisse und Wünsche anderen mitzuteilen.

»Was wird sie von mir denken, wenn ich sie anspreche?« »Was wird er von mir denken, wenn ich ihm sage, dass ich keine Lust habe, mit ihm auszugehen?« Was wird die Verkäuferin von mir denken, wenn ich, ohne etwas zu kaufen, wieder gehe?« »Was wird der Chef von mir denken, wenn ich ihm sage, dass ich keine Überstunden machen will?« »Was wird der Ober denken, wenn ich ihm sage, dass es nicht geschmeckt hat?« »Was wird der Bekannte von mir denken, wenn ich nicht zu seinem Fest gehe?« »Was wird mein Freund von mir denken, wenn ich ihm kein Geld leihe?«

Die Antwort auf diese Fragen ist immer: »Sie (die anderen) werden schreckliche Dinge über mich denken, und das wäre furchtbar. Das könnte ich nicht ertragen.«

Hinter diesen Fragen steckt also die Angst, von anderen abgelehnt zu werden bzw. die Angst, dass diese Ablehnung schlimme Folgen für uns haben könnte.

Wenn du vor jemandem Angst hast, dann gibst du ihm Macht.

Gefühlsmäßig empfinden wir eine Ablehnung als ein Todesurteil. Wir fühlen uns so, als wäre eine Ablehnung gleichbedeutend mit einem vernichtenden Urteil über unser Leben, so, als wäre das unser Ende. Wir tun so, als könnten wir nicht mit einer Ablehnung und Zurückweisung leben.

Dieses Gefühl, eine Ablehnung nicht überleben zu können, rührt von unserer Kindheit her, in der die Ablehnung durch unsere Eltern tatsächlich etwas sehr Bedrohliches war.

Wir waren damals nicht in der Lage, ohne unsere Eltern leben zu können. Wir waren auf sie angewiesen und darauf, dass sie für uns sorgten.

Wie entsteht die Angst vor Ablehnung?

Von klein auf machen wir Tag für Tag eine Menge Erfahrungen, die unser Denken, Fühlen und Handeln prägen.

Versetzen wir uns einmal in die Lage, als wir 2, 3 oder 5 Jahre alt waren. Konnten wir in diesem Alter bereits für uns sorgen? Waren wir in der Lage, ohne unsere Eltern zu überleben?

Nein! In den ersten Jahren sind wir in hohem Maße von unseren Eltern abhängig. Wir wissen in diesem Alter instinktiv, dass wir unsere Eltern brauchen, um leben, ja, überleben zu können.

Nichts ist für uns schrecklicher gewesen als die Androhung unserer Eltern, sie würden uns nicht mehr lieb haben. Nichts versetzte uns mehr in Angst als die Drohung, sich von uns abzuwenden. Jeden strafenden Blick und jede Zurechtweisung empfanden wir damals als Gefahr, als eine »tödliche« Gefahr.

Diese Hilflosigkeit und Unselbständigkeit machten sich unsere Eltern zunutze - in der besten Absicht, aber leider zu unserem Nachteil. Sie machten ihre Liebe zu uns von der Erfüllung bestimmter Bedingungen abhängig. Vielleicht hast du dir in deiner Kindheit oft anhören müssen:

»Ich mag dich nicht, wenn du so unartig bist.«, »Solange du dir deine Haare nicht schneiden lässt, bist du bei mir unten durch.«, »Ich habe dich lieb, wenn du deine Schulaufgaben machst.«

Durch solche Worte entwickeln wir die Einstellung: »Nur wenn ich so bin, wie andere mich haben wollen, dann bin ich liebenswert und bekomme deren Liebe und Anerkennung. Tue ich, was ich möchte, dann muss ich Angst haben, dass das den anderen nicht gefällt. Und wenn den anderen nicht gefällt, was ich mache, dann lassen sie mich vielleicht im Stich, und das wäre mein Ende.«

Was blieb uns anderes übrig, als brav zu sein, wenn wir nicht die Liebe unserer Eltern verlieren wollten? Wir hatten keine andere Wahl, als ein braver Junge oder ein liebes Mädchen zu sein.

Nun sollte man meinen, dass sich die Angst, verlassen oder nicht mehr gemocht zu werden, verliert, wenn wir älter werden. Denn schließlich sind wir als Erwachsene in der Lage, für uns selbst zu sorgen. Wir sind anderen nicht mehr auf Gedeih und Verderben ausgeliefert.

Doch weit gefehlt. Das Kind von damals und seine Ängste wohnen immer noch in uns. Wir tragen immer noch die Zwangsjacke des Nett-Sein-Müssens und Andere-Nicht-Enttäuschen-Dürfens und trauen uns nicht, sie auszuziehen. Wir tun vieles nur, um andere zufriedenzustellen und bei diesen anzukommen.

Tun wir, was wir möchten und für richtig halten, und jemand sagt uns, wir seien egoistisch, dann haben wir Schuldgefühle und fühlen uns wie ein Schwerverbrecher.

Dies war jedoch nicht die einzige Lektion, die uns unsere Eltern - wohlgemerkt in den besten Absichten - verpassten.

Eine andere Lektion bestand darin, uns auf persönliche Weise auf unsere Fehler und Schwächen aufmerksam zu machen und uns mehr zu tadeln, als zu loben.

Weisst du, wie häufig du vermutlich bis zum Alter von fünf Jahren im Durchschnitt getadelt wurdest? Ein Psychologe hat errechnet, dass Kinder bis zum fünften Lebensjahr häufig schon mehr als 40.000 Male getadelt wurden!

Das bedeutet: Ein Kind, das bis zum Alter von fünf Jahren 40.000 Male getadelt wurde, wurde im Monat im Durchschnitt ca. 666 Male und pro Tag 22 Male getadelt.

Wen wundert es da, wenn wir als Erwachsene unsicher und voller Selbstzweifel sind?

Wenn wir häufig kritisiert werden, und das in einer so verletzenden Art und Weise wie »Taugenichts«, »Idiot«, »Versager«, »Dumme Gans«, usw., dann werden unser Selbstvertrauen und unser Selbstwertgefühl stark in Mitleidenschaft gezogen. Wir lernen, an uns zu zweifeln, und entwickeln in Folge davon Ängste und Hemmungen.

Damit nicht genug. Unsere Eltern, Lehrer und die anderen Erwachsenen gaben uns eine Menge Verhaltensregeln mit auf den Weg, die es - unter Androhung von Liebesentzug - galt, einzuhalten, und die heute dazu beitragen, dass wir Angst vor Ablehnung haben.

Hier einige dieser Regeln:

Das schickt sich nicht für ein Mädchen, für einen Jungen.

Geben ist seliger denn Nehmen.

Verscherze es dir nicht mit anderen.

Sei höflich und zuvorkommend.

Rede nicht, bevor du gefragt wirst.

Man kann nicht immer, wie man will.

Man muss oft gute Miene zum bösen Spiel machen.

Untersteh dich, so mit mir zu sprechen.

Was sollen die Nachbarn denken?

Ein Junge weint nicht.

Das gehört sich nicht.

Schäm dich, deiner Mutter so wehzutun.

Du bringst mich noch ins Grab mit deiner ewigen ...

Lass niemand merken, wie es in dir aussieht.

Nimm dich nicht so wichtig.

Neben diesen Einflüssen können auch Erfahrungen mit Gleich-altrigen dazu beitragen, dass wir Hemmungen entwickeln.

Wenn ein Junge z.B. eine sehr starke Brille trägt, dicklich oder schmächtig ist, wenn der Vater arbeitslos ist, dann kann es leicht passieren, dass seine Mitschüler ihn hänseln, mobben und aus ihrer Clique ausschließen.

Schließlich färbt unsicheres Verhalten der Eltern auch auf die Kinder ab. Wenn eine Mutter schüchtern und gehemmt ist, dann wird sich das Kind viele Denk- und Verhaltensweisen bei ihr abschauen und diese übernehmen.

Nicht verschweigen möchte ich, dass wir alle mit einem ange-borenen Angstlevel auf die Welt kommen.

Ursache hierfür sind Erfahrungen im Mutterleib. Stand unsere Mutter längere Zeit unter Stress und Angst, hatte sie trauma-tische Erfahrungen während der Schwangerschaft, dann wirkt sich das auf das Nervenkostüm des Kindes aus.

In diesem Fall fällt es schwerer, sein Selbstbewusstsein zu stärken und aufzubauen. Unmöglich ist es nicht - aber eine gewisse Ängstlichkeit wird immer bleiben.

Warum sind wir seelisch auf der Entwicklungsstufe eines Kleinkindes stehengeblieben?

Der Grund dafür ist, dass wir es versäumt haben, dem kleinen Jungen oder Mädchen in uns klarzumachen, dass wir erwachsen sind. Wir haben ihm keine Chance gegeben zu wachsen. Stattdessen haben wir alles getan, damit er/es sich nicht entwickeln konnte.

+ Gleichaltrigen

Nachdem unsere Eltern uns bewusst und unbewusst immer wieder belehrt und kritisiert hatten, haben wir deren Urteil über unsere Person übernommen und haben fortan so zu uns gesprochen wie einst unsere Eltern. */ Gleichaltrigen*

Wir haben uns selbst die verletzenden und abwertenden Worte an den Kopf geworfen, die wir von unseren Eltern immer wieder hörten. Wir haben das Kind in uns durch negative und selbstabwertende Selbstgespräche kleingehalten.

So wie unsere Eltern durch ihre negativen Worte verhinderten, dass wir Vertrauen in uns und unsere Fähigkeiten bekommen konnten, so verhindern wir heute durch Selbstvorwürfe und Selbstkritik, dass unser Selbstvertrauen wachsen kann.

Sind wir ängstlich und gehemmt, dann beschimpfen wir uns mit Worten wie Schlappschwanz, Feigling, Armleuchter und Angsthase, anstatt uns quasi in den Arm zu nehmen und uns Mut zu machen.

Statt das kleine und schüchterne Mädchen zu bestärken und

ihm zu sagen, dass es nicht tragisch ist, wenn es Angst hat, schüchtern wir es noch mehr ein.

Wie sollen das kleine Mädchen oder der kleine Junge so jemals stark und selbstbewusst werden?

Hemmungen aufgrund von Hemmungen

Wenn wir uns für Fehler und Schwächen ablehnen, dann fühlen wir uns minderwertig und sind gehemmt. Nun neigen unsichere Menschen dazu, auch ihre Unsicherheit als einen großen Makel anzusehen, für den sie sich ablehnen.

Die Folge ist: Sie sind noch verunsicherter und leben ständig in der Angst, andere könnten ihre Unsicherheit entdecken. In diesem Teufelskreis, der dazu führt, dass die Selbstachtung immer mehr sinkt, drehen sich viele unsichere Menschen.

Annelie, eine 45-jährige Patientin von mir, hat enorme Probleme, auf andere Menschen zuzugehen, und sei es nur, diese auf der Straße nach einem Geschäft oder einer Straße zu fragen.

Auch Annelie findet es ziemlich blöd von sich, dass sie solche Hemmungen hat, und schämt sich dafür. Gleichzeitig ärgert sie sich unheimlich über sich, dass sie so ein Angsthase ist und es nicht fertigbringt, so etwas »Banales und Alltägliches« zu tun, wie jemanden nach einem Geschäft zu fragen.

Annelie hat also nicht nur das Problem, dass sie Hemmungen hat, sie hat noch weitere Probleme, die unmittelbar mit ihren

Hemmungen zusammenhängen, nämlich Ärger über sich selbst und Minderwertigkeitsgefühle (sie schämt sich).

Nun mal ehrlich. Wenn Annelie ihre Hemmungen nicht zum Anlass nehmen würde, sich für minderwertig zu halten, was meinst du, wie ginge es ihr? Wenn Annelie es nicht als eine Schande ansehen würde, dann könnte sie trotz ihrer Hemmungen relativ selbstsicher auftreten.

Auf den ersten Blick scheint das ein Widerspruch zu sein - trotz Hemmungen selbstsicher auftreten. Bei näherem Hinsehen löst sich der Widerspruch jedoch auf.

Angenommen, ich habe Hemmungen, eine Frau anzusprechen. Wenn ich mich dafür schäme, dass ich Hemmungen habe, dann versuche ich natürlich, meine Unsicherheit und Schüchternheit zu verbergen. Schließlich empfinde ich es ja als Schande, unsicher zu sein.

Dadurch werde ich noch unsicherer und verkrampfter, weil ich nicht nur Angst habe, die Frau anzusprechen und einen Korb zu bekommen, ich habe zusätzlich Angst, dass diese Frau erkennt, dass ich Hemmungen habe.

Würde ich es nicht als Schande empfinden, Hemmungen zu haben, dann könnte ich trotz meiner Hemmungen die Frau ansprechen - wenn auch vielleicht etwas unbeholfen und verkrampft.

Natürlich könnte ich nicht verhindern, dass sie von mir vielleicht denkt, ich sei unsicher, und sie mich deshalb unattraktiv findet und abweist. Aber zumindest hätte ich es probiert.

Wenn ich dagegen vor lauter Hemmungen und Angst, die Frau könnte meine Hemmungen entdecken, sie erst gar nicht anspreche, dann hätte ich von vornherein verloren. Ich würde sie nie kennenlernen und hätte nie die Chance, mit ihr eine Beziehung einzugehen.

Was bedeutet das für dich? Beginne den Teufelskreis der Selbstabwertung zu unterbrechen, indem du dich nicht dafür verurteilst und abwertest, dass du Hemmungen hast und dich nicht durchsetzen kannst.

Anders ausgedrückt: Lerne zu akzeptieren, dass du manchmal unsicher und schüchtern bist.

Solange du dich dafür verurteilst, unsicher zu sein, solange bleibst du unsicher.

Wenn du dich für deine Unsicherheit verurteilst, dann schüttest du stets neues Öl aufs Feuer, und es lodert von Mal zu Mal heller, statt schwächer zu werden.

Du bist schüchtern und gehemmt, was vielleicht lästig und unangenehm ist. Ganz bestimmt ist das aber kein Grund, dich dafür zu verurteilen.

Du hast dir diesen Ratgeber gekauft und hast damit den ersten Schritt in Richtung mehr Selbstbewusstsein getan.

Dennoch sind es Rechte, die du, ich und andere Menschen haben, einfach aufgrund der Tatsache, dass wir Menschen sind. Es sind persönliche Rechte, die man sich und anderen einräumen sollte, da sie das Zusammenleben erleichtern.

Du hast das Recht, deine Meinung zu ändern.

Wir können einen Standpunkt, den wir heute vertreten, morgen aufgeben. Wir können morgen Nein sagen, wenn wir heute Ja gesagt haben.

Manchmal versuchen andere uns auf etwas festzunageln, was wir irgendwann einmal gesagt haben. Sie tun das, weil unser Sinneswandel für sie unangenehm ist oder wir für sie dadurch nicht berechenbar sind. Durch den Vorwurf, verantwortungslos zu sein, wollen sie uns manipulieren und veranlassen, zu unserer alten Entscheidung zurückzukehren.

Das heißt nicht, dass man nach dem Satz »Was kümmert mich mein Geschwätz von gestern« handeln sollte. Es geht nicht darum, eine Zusage mutwillig oder aus einer Laune heraus zu brechen.

Es treten jedoch manchmal Ereignisse ein, die es notwendig machen, ein gegebenes Versprechen nicht einzuhalten.

Es geht darum, dass wir das Recht haben, uns neu zu entscheiden, wenn wir feststellen, dass wir uns geirrt haben, oder wir uns durch das Festhalten an einer Entscheidung in unvorhersehbarer Weise in unserer persönlichen Entfaltung einengen oder schaden.

Du hast das Recht, dass dich etwas nicht interessiert.

Andere versuchen manchmal, uns vorzuschreiben, wofür wir uns zu interessieren haben: für ihre Meinung, ihre Probleme, Politik, Kultur, Sport, ...

Wenn wir sagen »Das interessiert mich nicht.«, dann wollen uns andere oft dieses Recht streitig machen, indem sie uns vorwerfen, wir seien verantwortungslos, unvernünftig, egoistisch, dumm oder unmoralisch.

Wenn jemand uns einen solchen Vorwurf macht, dann geschieht das nur in der Absicht, uns zu manipulieren. Der andere will, dass wir uns für etwas interessieren, was ihm wichtig ist, und woraus er einen Gewinn zieht.

Du hast das Recht, Nein zu sagen, ohne dich schuldig zu fühlen.

Ein »Nein« bedeutet immer, dass ein anderer auf etwas verzichten muss. Verständlich, dass er darüber nicht erfreut ist.

Andererseits: Wo steht geschrieben, dass man immer bekommen muss, was man haben möchte? Wir sind nicht dazu da, die Wünsche der anderen zu erfüllen, und die anderen sind nicht dazu da, unsere Wünsche zu erfüllen. Es ist schön, wenn wir von anderen etwas bekommen, aber ein Anrecht darauf haben wir nicht. Die anderen schulden uns nichts und wir schulden den anderen nichts.

»Das ist nicht fair.«, werden die anderen sagen, um dich zu manipulieren, und sie haben möglicherweise recht damit.

Aber wo steht, dass man ein Recht darauf hat, immer fair behandelt zu werden? Überhaupt: Was ist »fair«? Ist das nicht Auslegungssache? Ist es fair, dass Menschen verhungern, ermordet oder von Autos überfahren werden? Ist es fair, dass manche Menschen mit 30 Jahren, andere mit 100 Jahren sterben? Das Leben und die Menschen sind nicht gerecht und fair.

Du hast das Recht, Fehler zu machen.

Niemand ist vollkommen. Und doch versuchen manchmal andere einen Fehler von uns als etwas Unrechtes hinzustellen, als etwas, das wir nicht hätten tun dürfen.

Natürlich sind auch wir oft selbst schnell bei der Hand, uns für Fehler zu kritisieren und verurteilen. Damit andere uns nicht mit dem Hinweis auf einen Fehler, den wir begangen haben, manipulieren können, müssen wir uns die Erlaubnis geben, Fehler machen zu dürfen, ohne uns als minderwertigen Menschen oder Versager anzusehen.

Verurteilen wir uns selbst für Fehler, dann haben andere leichtes Spiel, uns Schuldgefühle zu machen, und damit haben sie uns in ihrer Hand. Wir tun uns dann schwer, dem anderen etwas abzuschlagen, da wir glauben, wir müssten unseren Fehler wiedergutmachen. Das heißt nicht, dass man Fehler nicht wiedergutmachen sollte, wenn man dadurch anderen Menschen wirklich geschadet hat.

Es geht vielmehr darum, dass man dies nicht aus einem Gefühl der Schuld heraus tut, sondern aus der Einsicht, falsch gehandelt zu haben.

Du hast das Recht, deine Meinung, Gefühle und Überzeugungen zu äußern.

Meinungsfreiheit nennt man das. Die ist sogar im Grundgesetz verankert. Also, mach davon Gebrauch.

Du hast das Recht, dich nicht für anderer Leute Probleme verantwortlich zu fühlen.

Genauso wenig, wie andere dir schlechte Gefühle machen können, kannst du anderen schlechte Gefühle machen. Du bist für deine Probleme verantwortlich, die anderen für die ihrigen.

Wenn andere frustriert, verärgert oder deprimiert sind, dann deshalb, weil diese sich frustrierende, ärgerliche und deprimierende Gedanken machen. Es sind deren Gedanken über unser Verhalten, die für ihre schlechten Gefühle verantwortlich sind. Folglich musst du dich auch nicht für die Probleme anderer verantwortlich fühlen.

Das Gleiche trifft auf deine Gefühle und Probleme zu. Niemand kann dir schlechte Gefühle machen. Das kannst nur du. Folglich bist auch nur du dafür zuständig, wie du dich fühlst.

Du hast das Recht, zu entscheiden, was dir wichtig ist.

Du hast das Recht, dich selbst zu verwirklichen, die Dinge zu tun, die dir wichtig sind. Ja, das ist sogar deine Pflicht. Warum? Tust du das nämlich nicht, bist du für andere eine Zumutung und Belastung, weil du mit dir und deinem Leben unzufrieden bist.

Nur du kennst deine Bedürfnisse, Interessen, Wunschträume und Vorlieben und du hast ein Recht darauf, sie zu verwirklichen. Mach Gebrauch davon.

Du hast das Recht, andere um einen Gefallen zu bitten.

Viele Menschen getrauen sich nicht, andere um etwas zu bitten, weil sie befürchten, dem anderen Unannehmlichkeiten zu bereiten.

Warum aber überlassen wir es nicht dem anderen, zu entscheiden, ob ihm unsere Bitte Unannehmlichkeiten bereitet oder nicht? Kann der andere nicht für sich selbst entscheiden und »Nein« sagen?

Natürlich kann der andere »Nein« sagen, und er hat sogar das Recht dazu. Wir schließen nur oft von uns auf andere. Fällt es uns schwer, anderen etwas abzuschlagen, dann meinen wir, anderen müsse es genauso gehen. Das mag sein, und wenn dem so ist, dann ist das deren Problem und diese sollten besser lernen, ohne Schuldgefühle »Nein« zu sagen. Das sollte uns jedoch nicht daran hindern, Wünsche zu äußern.

Du hast das Recht, dein Verhalten nicht zu rechtfertigen.

»Wie kommst du dazu, so etwas zu machen?«, »Warum hast du das getan?« »Wie konntest du nur so unvernünftig sein?« sind Fragen, durch die andere uns veranlassen wollen, Rechenschaft über unser Verhalten abzulegen, damit sie dann entscheiden können, ob wir richtig oder falsch gehandelt haben.

Wenn wir jemandem etwas abschlagen, dann frägt dieser vielleicht: »Warum willst du mir nicht helfen?«, »Warum willst du mir nicht das Geld leihen?«

Antworten wir mit »Ich habe keine Lust.«, dann wird uns der andere durch den Vorwurf, wir seien egoistisch, zu überzeugen versuchen, dass wir im unrecht sind.

Die Forderung nach Rechtfertigung unseres Verhaltens dient nur der Befriedigung des Egos des anderen und gibt ihm Macht über uns.

Deshalb ist es müßig, Erklärungen abzugeben, warum man etwas tut oder nicht tut. Das zu entscheiden - ohne anderen gegenüber unser Verhalten zu rechtfertigen - ist einzig und allein unsere Sache.

Du hast das Recht, so zu leben, wie es dir gefällt, solange du anderen das auch zugestehst.

Dieses Recht ist das umfassendste von allen, und man könnte hierunter alle anderen Rechte zusammenfassen.

Es wird jedoch immer jemanden geben, dem das missfällt, oder der der Auffassung ist, so sollte man nicht leben.

In aller Regel missfällt dies anderen jedoch nur deshalb, weil sie dadurch über uns keine Macht mehr haben, sprich uns nicht mehr ausnutzen können, oder weil sie schlichtweg neidisch auf uns sind, dass wir uns getrauen, wovor sie Angst haben.

Diese Rechte musst du Tag für Tag verteidigen, da andere immer wieder versuchen werden, sie dir streitig zu machen.

Von seinen Rechten Gebrauch zu machen bedeutet nicht, skrupellos, unsozial oder ohne Mitgefühl zu sein. Es bedeutet, selbst zu entscheiden, was wir tun möchten und was nicht.

Es geht um Selbstbestimmung versus Fremdbestimmung. Es geht darum, andere nicht entscheiden zu lassen, was für uns gut ist. Das können und müssen wir selbst.

Welche dieser Rechte hast du dir bisher streitig machen lassen?

Notiere diese hier, damit du sie dir immer wieder schnell in Erinnerung rufen kannst.

....

....

Wer nichts weiß, muss alles glauben

Um von Rechten Gebrauch machen zu können, musst du diese kennen. Kennst du deine Rechte nicht, dann musst du glauben, was andere dir sagen.

Informier dich deshalb über deine Rechte als Verbraucher, Angestellter, Bürger und Patient.

Da diese Rechte sich ständig ändern, kann ich hier nicht darauf eingehen. Informier dich oder wende dich an eine Verbraucherschutzorganisation, wenn du Informationsbedarf hast.

4
Mögliche Hindernisse, wenn du selbstsicher auftrittst

Wenn jemand ein Problem mit dir hat, lass es ihm. Es ist seins.

Menschen, die dich kennen, wissen, woran sie mit dir sind. Diese wissen, wie du in bestimmten Situationen reagierst. Diese kennen deine wunden Punkte, an denen sie dich packen und damit manipulieren können. Kurzum, für die anderen ist dein Verhalten in gewisser Weise vorhersagbar und berechenbar.

Die anderen, vor allem der Partner, die Kinder und die Freunde wissen, wann es dir schwerfällt, dich durchzusetzen, und wie sie es anpacken müssen, um dich rumzukriegen.

Wenn du selbstbewusster auftrittst, dann werden diese Menschen vielleicht erst mal überrascht sein. »Was ist los mit dir? Du bist doch sonst nicht so stur. Ist dir eine Laus über die Leber gelaufen? Dich hat wohl der Teufel geritten. Das kannst du doch nicht bringen. Du hast mir doch sonst auch geholfen, ohne so ein Theater zu machen. Mein Gott, stell dich doch nicht so an. Du liebst mich wohl nicht mehr. Du hast dich zu deinem Nachteil verändert. Du bist plötzlich so egoistisch und herzlos.«

Mit solchen Reaktionen musst du rechnen. Die anderen kennen dich schließlich anders. Die anderen sind gewohnt, dass du spurst, dass du dich einschüchtern und manipulieren lässt. Durch dein neues selbstsicheres Auftreten haben die anderen erst einmal Nachteile.

Der Freund, der es bisher gewohnt war, von dir immer Geld geliehen zu bekommen, steht plötzlich im Regen. Er hat damit gerechnet, dass du dich auch dieses Mal rumkriegen lässt.

Der Partner muss vielleicht auf einen Teil seiner Bequemlichkeit verzichten, wenn du darauf bestehst, dass er sich an der Hausarbeit beteiligt. Verständlich, dass das unbequem und lästig für ihn ist.

Deine nähere Umgebung wird vermutlich auf die Annehmlichkeiten, die sie dadurch hatte, dass du dich nicht getraut hast, selbstsicher aufzutreten, nicht kampflos verzichten. Deine Lieben werden vielleicht drohen, fluchen und wie die Weltmeister versuchen, dass du wieder »die Alte« oder »der Alte« wirst.

In dieser Zeit wird dein selbstsicheres Verhalten auf eine Bewährungsprobe gestellt. Ein manches Mal wirst du nachgeben, weil du aufgrund deiner Angst vor Ablehnung von deinem Recht auf selbstsicheres Verhalten keinen Gebrauch machst.

Viele Menschen, die lernen möchten, selbstsicher aufzutreten, ändern ihr Verhalten nicht, weil sie fälschlicherweise meinen, sie könnten nicht mit den negativen Reaktionen ihrer Umwelt umgehen.

Aber eine verlorene Schlacht bedeutet nicht, dass du nicht lernen kannst, selbstsicher aufzutreten. Sammle neue Kräfte und nimm einen neuen Anlauf.

Vor allem Partnerschaften werden in der ersten Zeit etwas strapaziert, wenn ein Partner sich ändert. Der andere muss erst lernen, mit dem selbstbewussten Partner umzugehen.

Auch solltest du bedenken: Wenn man einen Partner heiratet, dann deshalb, weil man an ihm bestimmte Seiten mag, und weil der Partner bestimmte Bedürfnisse von einem befriedigt. Man geht mit dem anderen eine Beziehung ein, weil man dadurch Vorteile hat.

Das klingt nicht sehr romantisch, aber so ist es. Wenn ein Partner sich nun ändert, dann fallen diese Vorteile möglicherweise weg.

Aus meiner Erfahrung mit meinen Patienten weiß ich, dass solche Konflikte unvermeidbar sind. Du musst also das Risiko eingehen, erst einmal auf Widerstand zu stoßen, wenn du selbstsicher auftrittst.

Überleg mal: Wie viel wert ist eine Beziehung, die der andere in Frage stellt, nur weil du darauf achtest, dass es dir gut geht? Was ist das für eine Beziehung, in der sich der eine auf Kosten des anderen ein schönes Leben macht?

Damit die Beziehung nicht in die Brüche geht, muss der andere sich auf den »neuen« Partner einstellen, muss bereit sein, um des anderen Glückes willen auf Annehmlichkeiten zu verzichten, die er bislang hatte.

Über das Ziel hinausschießen

Wenn man beginnt, selbstsicher aufzutreten, obwohl man sich noch unsicher fühlt, dann passiert es einem zu Beginn manchmal, dass man zu forsch und ungestüm ist und man deshalb eher aggressiv als selbstsicher wirkt.

Das ist völlig normal, wenn man selbstsicheres Auftreten einstudiert. Aus Angst, wieder den kürzeren zu ziehen, und weil man noch nicht über die entsprechende innere Sicherheit und das notwendige Selbstvertrauen verfügt, kann man sein Verhalten am Anfang noch nicht so gut dosieren.

Das sollte dich nicht davon abhalten, weiter daran zu arbeiten, selbstsicher aufzutreten. Mit zunehmender innerer Selbstsicherheit wirst du gelassener reagieren.

Situationen, in denen es nicht (immer) angebracht ist, selbstsicher aufzutreten

Manch einer wird sich gefragt haben, ob es immer sinnvoll ist, von seinen Rechten Gebrauch zu machen, und ob es manchmal nicht besser wäre, man würde nachgeben, auch wenn man im Recht ist.

In der Tat gibt es Situationen, in denen es unangebracht und geradezu töricht wäre, würde man versuchen, sich durchzusetzen. Wie bei allem gibt es Ausnahmen.

Die naheliegendste Ausnahme ist, wenn andere uns körperlich überlegen sind und die Wahrscheinlichkeit groß ist, dass sie davon Gebrauch machen, wie im Falle von Rockern oder von gewalttätigen Ehemännern.

Eine weitere Ausnahme liegt im Umgang mit Polizisten vor. Wenn die Polizei dich anhält, weil du zu schnell gefahren bist, dann verschlimmerst du deine Lage, wenn du von Beamtenwillkür und Polizeistaat redest.

Auch im Umgang mit Behörden mag es manchmal angebracht sein, seinen Mund zu halten. Beamte können einen schikanieren, ohne dass man etwas dagegen tun kann, einfach dadurch, dass sie sich genau an die Buchstaben des Gesetzes halten. Sie können Vorgänge verzögern, so dass man sich ins eigene Fleisch schneidet, wenn man allzu selbstsicher auftritt.

Das heißt nicht, dass man den unterwürfigen Bürger spielen sollte. Aber man muss sehr viel mehr als in anderen sozialen Situationen abwägen, ob und was es bringt, wenn man Beamten selbstsicher gegenübertritt. Nach dem Motto zu handeln »Du wirst von meinen Steuern bezahlt, also tu was.«, mag der falsche Weg sein.

Schuldgefühle, wenn du dich durchsetzt

Wenn du es jahrelang anderen recht machen wolltest und nun mehr zu deinem Recht kommen willst, dann wirst du am Anfang vermutlich Schuldgefühle haben.

Es werden dich Zweifel plagen, ob dein Verhalten richtig ist. Erst recht, wenn andere mit Enttäuschung und Kritik auf dein neues, noch junges Selbstbewusstsein reagieren.

Mach dir klar: Selbstbewusstsein ist wichtig für dein Wohlbefinden. Dafür sorgen, dass es einem gut geht, Bedürfnisse haben und dafür Sorge tragen, dass diese erfüllt werden, ist eine wichtige Form der Selbstfürsorge.

Deine Schuldgefühle werden sich mit der Zeit legen.

Welcher Satz (Gedanke) in diesem Kapitel ist für dich wichtig? Schreib ihn auf.

....

....

Wie könnte ich mich daran hindern, selbstbewusst aufzutreten?

....

....

5

Wie andere dich
manipulieren wollen

Wer sich nicht selbst dafür verantwortlich macht,
wie er behandelt wird, wird weiterhin machtlos
dagegen sein.

Dr. Wayne Dyer

In diesem Kapitel erfährst du, mit welch raffinierten Methoden andere dich breitschlagen wollen, wie du diese Manipulationsversuche aufdeckst und dich erfolgreich zur Wehr setzen kannst.

Wir alle sind in einem erschreckend hohen Maße manipulier- und beeinflussbar. Dies belegen psychologische Experimente, in denen untersucht wurde, was sich Menschen alles gefallen lassen.

Wie würdest du reagieren, wenn du aus einer Telefonzelle kommst, ein Mann würde dich ansprechen und dir sagen, er habe kurz vor dir auch telefoniert, und nun vermisse er seinen Ring. Würdest du seiner Aufforderung, deine Taschen zu leeren, nachkommen?

In diesem Experiment sind 80% der Angesprochenen dieser Aufforderung nachgekommen.

In einem anderen Experiment, das in die Geschichte der Psychologie eingegangen ist, wurden Versuchspersonen von einem Versuchsleiter aufgefordert, einer Person Stromschläge (bis zu 450 Volt) zu geben, wenn diese eine falsche Antwort auf eine Testfrage gab. Die Person, die die Stromschläge verabreichte, konnte das Opfer, das vor Schmerz schrie, durch eine Scheibe sehen. Sie meinen, so etwas würde niemand machen? 65% der Personen gehorchten dem Versuchsleiter! Die Versuchsperson, die mit Stromschlägen bestraft werden sollte, bekam natürlich keine echten Stromschläge. Es handelte sich um einen guten Schauspieler, der so tat, als würde er gepeinigt werden.

Im Alltag haben die Manipulationsversuche unserer Mitmenschen nicht ganz so schlimme Folgen, aber sie erfüllen ihren Zweck: uns gefügig zu machen und das zu tun, was andere von uns erwarten.

Diese Manipulationsversuche sind dann erfolgreich, wenn es dem Manipulierer gelingt, sein Opfer an einer seelisch verwundbaren Stelle zu treffen.

Dies erreicht der Manipulierer in der Regel durch Äußerungen, wie sie auch schon unsere Eltern gebraucht haben. Diese Äußerungen verfolgen nur einen Zweck: Wir sollen uns Schuldgefühle machen oder unter der entsetzlichen Angst leiden, abgelehnt und zurückgewiesen zu werden. Dann hat der andere leichtes Spiel mit uns. Dann sind wir gefügig, und der andere kann uns nach Strich und Faden ausnutzen.

48

Wenn du die Manipulation des anderen erkennst, dann kannst du dich dagegen wehren.

Beliebte manipulative Äußerungen, bei denen bei dir die Alarmglocken schrillen sollten:

Ich tue alles für dich, und wenn ich dich einmal um einen Gefallen bitte, dann ... .

Damit will der andere ausdrücken, dass du in seiner Schuld stehst, ihm etwas schuldig bist. Kommst du seinem Wunsch nicht nach, dann musst du zweifelsohne ein sehr egoistischer und damit schlechter Mensch sein, und als solcher darfst du nicht damit rechnen, gemocht zu werden.

Auch steht hinter dieser Äußerung die unausgesprochene Drohung, keine Unterstützung und Hilfe zu bekommen, wenn du einmal welche brauchen solltest.

Diese manipulative Äußerung ist deshalb oft so erfolgreich, weil wir alle gelernt haben, wenn ein anderer etwas für uns tut, dann stehen wir in seiner Schuld und sind ihm zu Dank verpflichtet. Wenn wir etwas geschenkt bekommen, fühlen wir uns dem Schenkenden verpflichtet. Deshalb tun wir uns oft schwer, etwas anzunehmen, was es gratis gibt. Wir befürchten, uns dadurch zu etwas zu verpflichten. So etwa, wenn wir im Supermarkt angeboten bekommen, kostenlos einen neuen Sekt zu probieren. Viele Menschen machen um solche Probierstände einen großen Bogen, da sie jemandem, der ihnen etwas geschenkt hat, nur schwer abschlagen können, dieses Produkt zu kaufen.

Wenn du mich mal brauchst, brauchst du gar nicht erst zu kommen.

Hier wird die Drohung direkt ausgesprochen, um einen Gefallen zu erpressen. Entweder du gibst nach, oder du brauchst auf den anderen nicht mehr zu zählen. Wenn du einmal Hilfe brauchen solltest, wirst du niemanden haben, der dir zur Seite steht. Du wirst ganz allein sein, und dann wirst du es schon bereuen, dass du so ein egoistischer Mensch bist. Dann wirst du sehen, was du davon hast, dass du dich von anderen nicht manipulieren lässt.

Du denkst nur an dich. Immer soll alles nach deinem Kopf gehen. Du bist ganz schön egoistisch.

Der Vorwurf, egoistisch zu sein, trifft die meisten von uns hart. Wir wurden so zu Selbstverleugnung und Selbstaufopferung erzogen, und Egoismus wurde von unseren Eltern als so etwas Schlechtes hingestellt, dass wir uns bei einer solchen Bemerkung fast automatisch mies und schuldig fühlen.

Du hast mir mit deinen Worten ganz schön wehgetan.

Der andere will dir sagen, dass es deine Schuld ist, wenn es ihm schlecht geht, und dass du ein sehr schlechter Mensch sein musst, einem so netten Menschen wie ihm so etwas Schlimmes anzutun. Wieder sollst du Schuldgefühle bekommen.

Ich bin dir wohl gleichgültig. Du bist herzlos, gefühllos.

Der andere will, dass du ein schlechtes Gewissen bekommst und ihm beteuerst, dass dem nicht so ist. Tust du das, dann wird er dich darauf hinweisen, dass, wenn dir tatsächlich etwas an ihm liegen würde, du wohl kaum so egoistisch wärst. Denn: Wer einen anderen liebt, der wird wohl kaum so egoistisch sein, wie du es bist. Richtig? In dieselbe Richtung geht die nächste Bemerkung.

Wenn du mich wirklich lieben würdest, dann ...

Achtung Liebestest. Jetzt heißt es Farbe bekennen. Liebe ist, wenn du anderen erlaubst, dir vorzuschreiben, was du zu tun und zu lassen hast. Wenn du den anderen magst, wie kannst du es dann wagen, ihm etwas abzuschlagen oder deinen Kopf durchzusetzen?

Du wirst schon sehen, was du davon hast. Das wird dir noch mal leidtun. Das merk ich mir

Wieder so eine Drohung, die uns in Angst und Schrecken versetzen und uns gefügig machen soll. Die Ungewissheit, was passieren wird, ist für viele Menschen Anlass, sich in große Angst zu versetzen. Nichts ist schlimmer als die Vorstellung, es könnte etwas passieren, mit dem man nicht fertigwerden könnte, oder man müsste sich eingestehen, einen großen Fehler gemacht zu haben, den man nun bitter und unter Selbstvorwürfen bereuen würde. Also lieber nichts riskieren, auf Nummer Sicher gehen und nachgeben. So schafft man wenigstens das angedrohte Unheil aus der Welt.

51

Wegen dir ... Du bist schuld daran, wenn ich ...

Hier will der andere dir die Verantwortung für sein Befinden oder sein Handeln in die Schuhe schieben. Wenn es ihm seelisch oder körperlich schlecht geht oder er Unannehmlichkeiten und Nachteile hat, dann liegt das daran, dass du hartherzig bist und nicht nach seiner Pfeife tanzt.

Du hast kein Recht ...

Der andere will dir Schuldgefühle einflößen, indem er dir vorwirft, du tätest etwas Unrechtes, etwas das dir nicht zusteht. Er pocht auf sein Recht und verlangt, dass du das deinige unter den Tisch fallen lässt.

Du kannst das viel besser als ich. Das machst du toll. Mit dir kann man halt reden. Auf dich ist halt Verlass.

Im Grunde sind das Komplimente. Der andere schmeichelt dir. Aber sagt der andere das vielleicht nur, weil er hofft, du würdest ihm die Arbeit oder was immer es ist, abnehmen? Ob es sich um ein Kompliment oder um den Versuch handelt, dich zu manipulieren, kannst du leicht feststellen, indem du sagst: »Danke für das Kompliment. Aber du kannst lernen, es genauso gut zu machen. Probier es.« Reagiert der andere beleidigt oder mit Äußerungen wie »Du bist schuld daran, wenn ...« »Wenn ich dich mal um etwas bitte ...«, dann weißt du, was Sache ist.

Wenn du mich verlässt, bringe ich mich um.

Der andere macht seine Existenz von dir abhängig. Du bist

schuld, wenn er sich das Leben nimmt. Dies ist eine der massivsten Drohungen, die es gibt, und nur selten verfehlt sie ihr Ziel. Es gehört schon sehr viel Mut und Stärke dazu, angesichts einer solchen Drohung standhaft zu bleiben und nicht nachzugeben. Wer will schon für den Tod eines anderen verantwortlich sein? Diese Manipulation wirkt deshalb so häufig, weil man glaubt, man trage tatsächlich die Verantwortung dafür, ob sich ein anderer das Leben nimmt oder nicht. Man macht sich nicht klar, dass dies einzig und allein in der Hand dessen liegt, der diese Drohung ausstößt.

Typisch Frau. Typisch Mann.

Diese Äußerungen sollen Schuldgefühle wecken. Der andere will dir sagen, dass du ein Verhalten an den Tag legst, das wenig schmeichelhaft für dich ist, und für das du dich schämen solltest. Solche Worte zeugen von Vorurteilen gegenüber dem anderen Geschlecht: »Typisch Mann. Nur das eine im Kopf.« »Typisch Frau. So kann nur eine Frau Auto fahren.«

Du verhältst dich wie deine Mutter.

Dieser Vorwurf soll dich gefügig machen. Wenn du dich auf gar keinen Fall mit deiner Mutter vergleichen lassen willst und das Verhalten deiner Mutter prinzipiell nicht gut findest, dann erfüllst du ihm sofort seinen Wunsch.

Du lässt dabei völlig außer Acht, dass du dich durchaus ganz bewusst in manchen Situationen entscheiden kannst, dich wie deine Mutter zu verhalten - weil es klug ist und in deinem Sinne.

Sei so nett und ...

Soll heißen: Wenn du mir nicht hilfst, dann bist du nicht nett. Weil, wärst du nett, würdest du nicht Nein sagen.

Lass mich nicht im Stich ...

Diese Äußerung beinhaltet den Vorwurf, egoistisch zu sein. Wir sollen nicht an uns denken. Wir sollen nett, rücksichtsvoll, anständig und uneigennützig sein, ganz nach dem Motto unserer Kindertage: Sei ein braver Junge, sei ein braves Mädchen.

Warum verlangen andere das von uns? Weil wir tatsächlich unmoralisch handeln, wenn wir an uns denken, weil wir tatsächlich anderen schaden oder sie ausnutzen, weil wir tatsächlich zu viel verlangen oder unberechtigte Forderungen stellen?

Nein. Es gibt meist nur einen einzigen Grund, warum andere uns zum Nachgeben und Zurückstecken auffordern: Sie wollen uns zu ihrem Vorteil und auf unsere Kosten ausnutzen.

Jeder Mensch ist egoistisch.

Die größten Egoisten sind jedoch jene, die uns vorwerfen, wir seien egoistisch.

Machen wir uns nichts vor. Jeder Mensch versucht für sich das Meiste und Beste herauszuholen. Jeder versucht sich ein möglichst großes Stück vom Kuchen (Glück, Erfolg, Geld, usw.) abzuschneiden. Da dies alle versuchen, geraten wir immer wieder mit anderen ins Gehege, die das Gleiche wollen.

Gelingt es nicht mit fairen Mitteln, das zu bekommen, was man will, oder hat man selbst nicht den Mut, sich ein Stück vom Kuchen zu nehmen, weil man unsicher ist, dann manipuliert man andere, damit diese es für einen tun. Dann greift man eben zu unfairen Mitteln und verteilt Schläge unter die Gürtellinie. In diesem Kampf bleiben die auf der Strecke, die es nicht verstehen, sich gegen die unfairen Mittel der anderen zu wehren.

Weitere Formen der Manipulation

So wie unsere Eltern nicht nur durch den Inhalt ihrer Worte erreicht haben, dass wir ihnen gehorchten, sondern auch durch bestimmte Verhaltensweisen, wie etwa abweisend sein oder streng zu blicken, so lassen wir uns auch heute noch durch solche Drohgebärden einschüchtern. Einige sehr weit verbreitete sind:

▶ **Laut werden, toben, schreien.** Diese Form der Einschüchterung wirkt dann, wenn wir sehr autoritäre Eltern hatten und nicht gelernt haben, mit solch einem Verhalten umzugehen. Besonders Frauen haben da ihre Schwierigkeiten, da sie in der Regel den Männern körperlich unterlegen sind und Laut-Werden und Toben ja nur einen kleinen Schritt von einem tatsächlichen körperlichen Angriff entfernt sind.

▶ **Nichts mehr sagen, eisiges Schweigen.** Nicht beachten, nicht mehr mit dem anderen reden ist auch ein Versuch, einzuschüchtern und den anderen zum Einlenken zu bewegen.

Viele meiner weiblichen Patienten tun sich sehr schwer, damit umzugehen, da sie - in der Regel von ihrer Mutter - gelernt haben, in solchen Fällen einzulenken und nachzugeben. Ihnen ist es besonders wichtig, in Harmonie zu leben und eine friedliche Atmosphäre zu haben.

▶ **Weinen, klagen, jammern.** Das ist eine Strategie, die Frauen gerne einsetzen, und die es so manchem Mann schwer macht, hart zu bleiben.

Wer sich durch andere missbraucht fühlt, muss sein eigenes Denken und Verhalten überprüfen und sich fragen, warum er den Missbrauch, über den er sich beklagt, zugelassen oder gar bestärkt hat.

Welche Äußerungen anderer veranlassen dich, auf deine Rechte zu verzichten?

....

....

Was möchtest du dir aus diesem Kapitel merken?

....

....

6
Selbstwert stärken, sich annehmen lernen

Wenn du deinen Wert kennst, musst du ihn dir von anderen nicht bestätigen lassen.

Stell dir mal vor, ...

es ist dir ziemlich egal, was andere über dich denken.

es ist dir nicht mehr unangenehm und peinlich, dir eine Blöße zu geben oder einen Fehler zu machen.

du frägst dich nicht mehr bei allem, was du tust und sagst, was die anderen wohl denken, ob die anderen das gut finden.

du bist nicht mehr beleidigt, verletzt oder gekränkt, wenn andere etwas Negatives über dich sagen.

Wäre das toll? Ist das erstrebenswert für dich?

Wenn Ja, habe ich eine gute Nachricht für dich. Du kannst lernen, dir keine Sorgen um dein Ansehen zu machen.

Du kannst lernen, ohne Hemmungen und Schuldgefühle zu sagen und zu tun, worauf du Lust hast. Wie das erreichen? Ganz einfach.

> Du darfst deinen Wert als Mensch
> nicht davon abhängig machen,
> was andere über dich denken.

Anders ausgedrückt: Du musst dir eine eigene Meinung von dir bilden. Du musst entscheiden, dass du so, wie du bist, in Ordnung bist, ungeachtet deiner Fehler und Schwächen.

> Wenn du deinen Wert kennst,
> hast du keine Angst vor Ablehnung mehr.

Und wenn du keine Angst vor Ablehnung hast, dann legst du keinen allzu großen Wert auf die Meinung der anderen. Du hast keine Angst, bei anderen unten durch zu sein.

Das erleichtert das Neinsagen und den Umgang mit Kritik enorm. Wenn du keinen Ruf zu verlieren hast, dann musst du dir um ihn auch keine Gedanken machen.

Wie heißt es so schön: Ist der Ruf erst mal ruiniert, lebt es sich ungeniert. Ist man sich seines Wertes sicher, lebt es sich ungeniert.

> Ein positiver Selbstwert gleicht
> einer schusssicheren Weste.

> Niemand kann dich verletzen und dir wehtun,
> wenn du dir deines Wertes bewusst bist.

Du kannst selbstbewusst auftreten ohne Angst vor Konsequenzen. Lehnt dich jemand ab, dann ist das nicht tragisch. Die schlechte Meinung des anderen kann dir nichts anhaben. Du kennst ja deinen Wert. Da du weißt, dass du wertvoll und liebenswert bist, brauchst du niemanden, der dir das bestätigt. Du hast also nichts zu verlieren.

Wie steht es um deinen Selbstwert?

Wenn es dir wie den meisten Menschen geht, dann bist du mit dir sehr oft unzufrieden. Deine Unzufriedenheit mit dir rührt daher, dass du eine Stimme in deinem Kopf hast, die ständig etwas an dir auszusetzen hat.

Diese Stimme ist nie mit dem zufrieden, was du tust und wie du es tust. Sie findet immer etwas, um dich mit dem Gefühl der Minderwertigkeit und Unzulänglichkeit zurückzulassen.

Ich nenne diese Stimme den inneren Kritiker. Er sorgt ständig dafür, dass dein Selbstwert gering ist.

Woher kommt der innere Kritiker?

Der innere Kritiker entsteht in den ersten Lebensjahren. In dieser Zeit lernen wir, die Kritik unserer Eltern bezüglich unserer Fehler und Schwächen zu übernehmen und uns selbst für unsere Fehler und Schwächen, unsere vermeintliche Unvollkommenheit zu verurteilen.

Kennst du Äußerungen deiner Eltern wie die folgenden?

Mit dir hat man nur Ärger. Wie kann man nur so blöd sein? Was hast du dir dabei nur gedacht? Du bist so was von dumm. Du bist faul. Du wirst es nie zu etwas bringen. Du kannst nichts richtig machen. Dumme Gans.

Je öfter wir solche Worte hörten, umso mehr hatten wir den Eindruck, mit uns stimme etwas nicht.

Wir denken uns: Wenn ich in Ordnung wäre, dann würde man nicht so mit mir reden. Mit mir muss etwas nicht stimmen. Ich muss irgendwie unvollkommen und minderwertig sein.

Dieses Gefühl, nicht in Ordnung zu sein, ist so tief in uns verwurzelt und so zu einem Teil unserer Persönlichkeit geworden, dass wir es als richtig erachten. Die Verachtung unseres Kritikers für unsere Person scheint uns deshalb gerechtfertigt.

Wir verinnerlichen diese Selbstbeurteilung und Selbstverurteilung (was man tun und nicht tun sollte, was gut und schlecht, moralisch und unmoralisch ist) so sehr, dass wir als Erwachsene die Autorität des Kritikers nicht in Frage stellen.

Er und seine verurteilenden Kommentare fühlen sich ebenso richtig und zu uns gehörig an wie unsere Arme und Beine. Die Stimme des Kritikers klingt so unfehlbar, als käme sie direkt von Gott oder dem Papst.

Wir kommen deshalb gar nicht auf die Idee, dass der Kritiker ein Relikt aus einer Zeit sein könnte, als wir noch von unseren Eltern abhängig waren.

Unser Kritiker suggeriert uns: Ohne Selbstkritik keine Veränderung. Er sagt quasi: Wenn ich dich nicht für deine Fehler und Unvollkommenheit verurteile und bestrafe, dann wirst du diesen Fehler wieder machen und dann wird alles noch schlimmer.

Die Vorstellung, sich angesichts eigener Fehler und Schwächen gut zu fühlen, ist ausgeschlossen. Nur durch Selbstbestrafung, so suggeriert der Kritiker, werden wir zu guten Menschen. Also macht er uns ständig runter.

Der Kritiker tut das Gleiche, was auch unsere Eltern taten. Er behandelt uns so, wie uns unsere Eltern behandelt haben.

Doch was haben all die Selbstbestrafung und Selbstverurteilung bislang bewirkt?

Sind wir perfekt geworden? Haben wir unsere Unvollkommenheiten überwunden? Sind wir fehlerlose oder bessere Menschen geworden?

Nein. Alle Selbstbestrafung hat nichts daran geändert, dass wir auch als Erwachsene Fehler machen und uns gelegentlich dumm benehmen.

Viele Menschen kommen sich ihr ganzes Leben lang unvollkommen und minderwertig vor, haben das Gefühl, mit ihnen stimme etwas nicht.

Entweder resignieren sie und fühlen sich überfordert und deprimiert, oder aber sie versuchen Tag für Tag zu der Person zu werden, die sie glauben, sein zu müssen, um sich endlich akzeptieren zu können und um endlich von anderen akzeptiert zu werden.

Und viele Menschen wissen noch nicht einmal genau, was mit ihnen nicht stimmt. Sie haben einfach nur permanent das dumpfe Gefühl, minderwertig und nutzlos zu sein, und hassen sich dafür.

Selbstbestrafung macht aus dir keinen besseren Menschen.

Deshalb tust du gut daran, damit aufzuhören, indem du deinem Kritiker Einhalt gebietest.

Wenn Selbstbestrafung nicht das geeignete Mittel ist, um aus uns »bessere« Menschen zu machen, was können wir dann tun?

Es darf dir nicht peinlich sein, etwas zu tun, was andere als peinlich oder unschicklich ansehen könnten. D.h. es darf dir nichts ausmachen, Fehler zu machen, etwas Falsches zu sagen oder zu tun, (negativ) aufzufallen, mit bestimmten Regeln nicht konform zu gehen, dich in den Augen anderer daneben zu benehmen, dir eine Blöße zu geben.

Deine Selbstachtung und dein Selbstwert dürfen also nicht unter deinen Fehlern, Schwächen und Missgeschicken leiden. Damit dies nicht geschieht, brauchst du eine gesunde Selbstachtung und einen guten Selbstwert. Das ist das Fundament selbstbewussten Handelns.

Wenn du deinem Kritiker erlaubst, dir einzureden, minderwertig oder wertlos zu sein, dann ist es natürlich, dass du andere und deren Rechte über dich und deine Rechte stellst. Du lässt anderen dann den Vortritt, weil du dir einredest: »Wer bin ich schon, dass ich es verdiene, respektvoll behandelt zu werden?«

Wenn du selbstbewusster auftreten willst, dann musst du aufhören, auf deinen Kritiker zu hören und deinen Selbstwert stärken. Wie das geht, zeige ich dir in diesem Kapitel.

Die Meinung deines Kritikers von dir bestimmt dein Verhalten.

Solange du schlecht von dir denkst, solange du dich für jede Schwäche von deinem Kritiker kritisieren lässt, solange hast du auch Angst davor, dass andere nichts für dich übrighaben.

Simone hat Kontaktschwierigkeiten. Sie hat Hemmungen, vor allem gegenüber Männern. Auf Partys kommt sie sich verloren vor. Simone hält sich - gelinde ausgedrückt - für unattraktiv. Sie findet, dass ihr Busen zu klein ist, dass sie um die Hüften herum zu kräftig ist, und dass ihre Haare eine Katastrophe sind.

Aufgrund dieser vermeintlichen »Mängel« hält sie sich für unattraktiv und nicht begehrenswert. Nichts und niemand konnten sie bisher vom Gegenteil überzeugen, weder die Männer, die um sie wie Bienen um einen Honigkuchen schwärmen, noch ihre Bekannten und Freundinnen. Wenn ein Mann ihr sagt, dass sie hübsch und attraktiv ist, denkt sie sich sofort: »Das sagt er nur, weil er mir schmeicheln will. Das sagt er nur aus Höflichkeit. Das sagt er nur, um mir nicht wehzutun. Das sagt er nur, weil er mit mir schlafen will. Er ist gar nicht an mir interessiert.«

Sie unterstellt allen Männern also, dass diese unehrlich sind und sie, wenn überhaupt, nur als Lustobjekt interessant ist. Sie legt also anderen das Urteil in den Mund, das sie bereits über sich selbst gefällt hat.

Claudine hat Hemmungen, sich alleine in ein Straßencafé zu setzen oder alleine eine Veranstaltung zu besuchen. Sie befürchtet, die anderen würden von ihr denken, sie sei auf Männersuche, - was tatsächlich der Fall ist - oder die anderen würden denken, sie hätte keinen Mann abbekommen.

Auf meine Frage, was denn so schlimm daran sei, wenn andere tatsächlich denken würden, sie suche einen Partner, sagte sie unter Tränen: »Ohne Mann ist man nichts wert. Die anderen denken bestimmt, dass mit mir etwas nicht stimmt, wenn sie merken, dass ich keinen Partner habe.« Sie hält sich also für minderwertig und befürchtet, andere könnten über sie das gleiche vernichtende Urteil fällen.

Mirko fühlt sich in Gegenwart anderer gehemmt. Er bringt kein Wort über seine Lippen aus Angst, sich zu blamieren oder ausgelacht zu werden. Wie kommt er darauf, sich zu blamieren?

Sein Kritiker suggeriert ihm ständig, er sei dumm und ungebildet, er wisse nichts, was andere interessieren könnte. Da er
sich für ungebildet hält, befürchtet er, auch andere könnten
über ihn solch ein Urteil fällen.

Du siehst an diesen Beispielen:
So wie man von sich selbst denkt,
so glaubt man, dass auch andere
von einem denken.

Wenn man sich für unattraktiv, nicht liebenswert, dumm und
minderwertig hält, dann denkt man automatisch, dass auch andere so von einem denken, und man hat Hemmungen, selbstsicher aufzutreten.

Negative Reaktionen anderer machen uns nur dann etwas aus,
wenn sie einen wunden Punkt in uns berühren. Dieser wunde
Punkt ist das negative Bild, das wir von uns selbst haben.

Wenn du also deine Unsicherheiten und Hemmungen überwinden möchtest, dann musst du bei der Meinung beginnen,
die du von dir und deinen Schwächen und Eigenheiten hast.
Du musst aufhören, deinem Kritiker zu glauben, und lernen,
dich anzunehmen mit all deinen Fehlern und Mängeln.

Erst wenn du davon überzeugt bist, dass deine Fehler und Mängel nichts, aber auch gar nichts, an deinem Wert als Mensch
ändern, erst wenn du dich für liebenswert hältst, dann berührt
es dich kaum, wie andere über deine Fehler und Mängel denken.

Erst dann bist du nicht mehr krampfhaft auf der Suche nach Bestätigung und Anerkennung. Erst dann hast du nichts mehr zu verlieren, und niemand kann dir etwas wegnehmen, denn dann bist du derjenige, der die Maßstäbe setzt und darüber entscheidet, wer und was du bist.

Ein Beispiel für einen Menschen, der sich mag

Leo Buscaglia war ein sehr warmherziger und liebenswerter Mensch, den ich einmal persönlich getroffen habe. Er ist bei uns durch Bücher wie »Leben, lieben, lernen« bekannt geworden. Er erzählte mir folgende schöne Geschichte, die zeigt, wie leicht man mit einer Ablehnung umgehen kann, wenn man auf sich etwas hält. Er sagte:

»Ich grüße an der Universität, in der ich lehre, alle Menschen, die mir begegnen, ob ich sie nun kenne oder nicht. Manche grüßen freundlich zurück, manche grüßen nicht und manche fragen mich in einem gereizten oder herausfordernden Ton: »Kennen wir uns?«. Ich antworte darauf stets mit: »Nein, aber wäre es nicht schön, wenn wir uns kennenlernen würden?« Und manche antworten darauf: »Nein«. »Schade, denke ich mir dann, dass sie einen so netten Menschen wie mich nicht kennenlernen wollen.«

Eine solche Reaktion zeugt von einem sehr guten Selbstwertgefühl. Leo Buscaglia war überzeugt, ein liebenswerter Mensch zu sein. Er war deshalb nicht überheblich oder eingebildet.

Nein, er hatte einfach ein natürliches und gutes Verhältnis zu sich selbst. Dieses gute Verhältnis zu sich selbst ermöglichte ihm auf bewundernswert gelassene und ruhige Art mit einer Ablehnung umzugehen. Er war sich seines Wertes sicher und war deshalb nicht verunsichert, wenn ein anderer ihn ablehnte.

Solange du an dir zweifelst, schlecht von dir denkst, dich selbst kleinmachst, deine Schwächen und Fehler zum Anlass nimmst, um schlecht von dir zu denken, solange wirst du Hemmungen haben, und solange sind Selbstsicherheit und Durchsetzungsvermögen in weiter Ferne.

Deshalb ist es so wichtig, dass du lernst, deinen Selbstwert zu stärken. Dies wird dir nur gelingen, wenn du es schaffst, deinen inneren Kritiker zu zähmen.

Wie den inneren Kritiker zähmen und den Selbstwert stärken?

1. Stelle die Autorität des Kritikers in Frage.

Der erste Schritt von Selbstablehnung hin zu Selbstachtung ist der, zu erkennen, dass dein Kritker keine nützliche Funktion mehr in deinem Leben erfüllt. Im Gegenteil: Er schadet dir und steht dir und deiner Zufriedenheit ständig im Weg.

Der zweite Schritt besteht darin, dass du die Urteile deines inneren Kritikers anschaust, diese hinterfrägst und in Frage stellst.

Wenn du den inneren Kritiker sagen hörst: «Du machst immer alles falsch. Du bist ein Versager», dann frage dich: «Stimmt das?»

Und da solche absoluten Urteile nie stimmen, kannst du dir und deinem Kritiker klarmachen, dass du manchmal (!) Fehler machst - was ganz normal und menschlich ist -, aber bestimmt nicht immer (!).

Und du kannst dir und dem inneren Kritiker sagen, dass du dich für deine Fehler und Schwächen nicht schämen und verurteilen musst und schon gar kein Versager bist.

Du bist erwachsen: Entscheide selbst, was gut und schlecht, richtig und falsch ist.

2. Entwickle Selbstmitgefühl.

Behandle dich so, als wärst du jemand, den du magst. Habe Mitgefühl mit dir und zeige Verständnis für deine Fehler und Schwächen.

Wie würdest du dich einem lieben Menschen oder Freund gegenüber verhalten, wenn er ein Problem hätte oder einen Fehler machen würde?

Würdest du verständnislos reagieren? Würdest du ihm harsch und voller Verachtung begegnen? Würdest du ihn als Abschaum bezeichnen und dich von ihm abwenden?

Sicherlich nicht. Du würdest mitfühlend, liebevoll, wohlwollend und verständnisvoll mit ihm umgehen.

Du würdest ihm den Rücken stärken und nachsichtig mit seinen Fehlern sein. Du würdest ihm verzeihen. Du hättest Verständnis für ihn. Richtig?

Behandle dich stets selbst genauso, wie du einen lieben Menschen und Freund behandeln würdest: wohlwollend, verständnisvoll, liebevoll, nachsichtig, akzeptierend.

Statt deinem Kritiker zu erlauben, durch Selbstvorwürfe und harsche Kritik Salz in die Wunde zu streuen, lege ein Pflaster auf die Wunde, d.h. zeige Selbstmitgefühl für deine Fehler, Pannen und Schwächen.

Wenn du das tust, dann wird sich dein innerer Kritiker zu Wort melden. Er wird dir sagen, dass du zu nachsichtig mit dir bist. Er wird dir sagen, dass du diese Nachsicht nicht verdient hast.

Er wird dir suggerieren, dass du es bitter bereuen wirst, so nachsichtig mit dir zu sein, weil du jetzt deinen Fehlern und Schwächen keinen Einhalt mehr gebietest.

Glaub ihm nicht. Mach dir und ihm klar, dass Selbstmitgefühl und Selbstachtung die einzig richtigen Wege sind.

Mach dir und ihm klar, dass (Selbst)Hass und Selbstablehnung die Menschen nicht verbessern und verändern. Das können nur Liebe, Güte, Verständnis und Nachsicht.

Deshalb mein Rat: Schreibe alle Beurteilungen und Verurteilungen deines inneren Kritikers auf.

Wenn du die Selbstanklagen schwarz auf weiß hast, dann kannst du dich besser mit ihnen auseinandersetzen. Hinterfrage sie, stelle sie in Frage, stelle deren Bedeutung für dich in Frage.

Je mehr du das tust, umso mehr schwächst du deren Einfluss auf dich und damit den Einfluss deines Kritikers auf dich.

3. Schließe Frieden mit deinen negativen Seiten.

Wenn du gewisse Eigenschaften und Verhaltensweisen nicht an dir leiden kannst und dich dafür verurteilst, dann liegst du in einer ständigen Zwietracht mit dir und lebst in Unfrieden mit deiner Person und deinem Körper. Damit in dir Harmonie einkehren kann, musst du lernen, deine negativen Seiten zu akzeptieren. Dann und erst dann schaffst du die Voraussetzung, um diese überwinden zu können.

Ich weiß, das klingt verrückt, denn du willst ja alles andere, als deine negativen Seiten an dir zu tolerieren. Du willst sie loswerden, du willst perfekt werden, ohne Fehl und Tadel sein.

Aber glaube mir: Je mehr du dich gegen deine »Fehler« wehrst, je mehr du diese verleugnest und unterdrückst und dich für diese verurteilst und schämst, umso hartnäckiger und stärker werden diese, und umso geringer ist die Chance, sie loszuwerden.

380 x 170 x 46
200 x 120 x 105

Ausgetragen am: _____

% Al_2O_3 _____

% Mn _____   **Los** _____   % Pb _____

% Ba _____

% MgO _____

% Mg _____   **Los** _____   % Pb _____

% Ca _____

% Cr _____   **Los** _____   % Pb _____

% Cl _____

% C-ges. _____

% SiO_2 _____   **Los** _____   % Pb _____

Keine Angst. Schlechte Seiten an sich zu akzeptieren heißt nicht, sie gut zu finden oder sich mit ihnen abzufinden. Sie zu akzeptieren bedeutet lediglich, sie im Augenblick als Teil der eigenen Persönlichkeit anzunehmen.

> Wer sich für seine Schwächen verurteilt,
> macht es sich schwerer,
> diese zu überwinden.

Selbstmitgefühl und Verständnis dagegen erleichtern den Umgang mit Schwächen.

Manche meiner Patienten befürchten, dass sie, wenn sie erst einmal eine schlechte Eigenschaft von sich akzeptiert haben, keinen Antrieb mehr haben, sie aus der Welt zu schaffen. Das ist falsch. Das Gegenteil ist richtig. Erst wenn wir sie annehmen, haben wir die Kraft und Fähigkeit, sie zu verändern.

Mach gleich eine Liste von den Eigenschaften und Verhaltensweisen, die du nicht an dir ausstehen kannst. Schreib die 5 Eigenschaften, Merkmale oder Angewohnheiten auf, für die du dich am meisten schämst, und die du am schlimmsten findest.

1. ....

2. ....

3. ....

4. ....

5. ....

Nun sag dir täglich mindestens 10 Male: »Rolf (setz hier deinen Vornamen ein), ich verzeih dir, dass du ... (setz hier die Eigenschaft ein, die du unter 1. notiert hast).«

Sag dir diese Worte mindestens eine Woche lang bzw. solange, bis du das Gefühl hast, dir diese Eigenschaft tatsächlich zu verzeihen. Danach setze die Eigenschaft, die du unter 2. stehen hast, ein und verfahr auf diesselbe Weise, usw.

Du siehst: Ich verlange ganz schön viel von dir. Ich weiß das. Aber ich kenne nun mal keinen leichteren Weg, wie du ans Ziel gelangen kannst. Ich würde es dir gerne einfacher machen.

4. Sei dir selbst ein guter Freund.

Gute Freunde helfen und unterstützen sich, gute Freunde bauen auf und motivieren, gute Freunde haben ein offenes Ohr für Sorgen und Nöte.

Sei dir selbst ein guter Freund und unterstütze dich.

Wenn einem etwas an sich selbst liegt, dann befreit man sich von allem, was einem körperlich nicht guttut und einen seelisch hinunterzieht - von Menschen, schlechten Angewohnheiten und schädigenden Umständen.

Man kann das gesunden Egoismus nennen oder Selbstliebe und Selbstachtung.

Sich selbst zu lieben, bedeutet nicht, ein Narzist zu sein, der selbstverliebt in den Spiegel schaut und sich nicht für andere interessiert.

Sich selbst zu lieben, bedeutet, sich selbst ebenso zu behandeln, wie man einen Freund behandelt.

5. Stelle keine Vergleiche mit anderen an.

Du bist einzigartig und unverwechselbar.

Die Angewohnheit, sich mit anderen zu vergleichen, kann deinem Selbstvertrauen großen Schaden zufügen.

Wenn du dich nämlich mit Freunden, Kollegen oder wildfremden Menschen vergleichst, die mehr haben als du, die beliebter sind als du, die besser aussehen, die mehr aus sich und ihrem Leben machen, die Fähigkeiten und Talente haben, die du nicht hast, dann bist du auf die anderen neidisch und dein Selbstwertgefühl und dein Selbstvertrauen leiden.

Du fühlst dich dann zwangsläufig minderwertig und unterlegen.

Sich mit anderen zu vergleichen und zu messen ist an sich nicht schädlich. Du darfst jedoch, wenn du beim Vergleich schlecht abschneidest, nicht den Fehler machen, dich deshalb für weniger wertvoll und tüchtig anzusehen.

Das wäre eine Schlussfolgerung, die deinem Selbstvertrauen und deiner Selbstachtung schaden würde.

Statt dich zu vergleichen ist es besser, zu schauen, von wo du in deinem Leben gestartet bist und was du im Laufe deines Lebens bereits alles gelernt und erreicht hast.

6. Stelle keine Vergleiche mit deinem Idealbild an.

Dein Kritiker hat von dir vermutlich ein Bild, wie du sein solltest.

Dieses Bild ist das Ergebnis deiner Erziehung und deiner Erfahrungen mit anderen Menschen.

> Wer sich für liebenswert hält,
> muss den Vergleich mit anderen nicht fürchten.

Dieses Idealbild kann sich auf dein Äußeres, aber auch auf Fähigkeiten und Persönlichkeitsmerkmale beziehen.

Dein Idealbild von dir ist mit ziemlich großer Wahrscheinlichkeit nicht auf deinem Mist gewachsen. Das hast du dir nicht ausgedacht und ausgesucht.

Das haben sich andere - deine Eltern, Erzieher, Gleichaltrige - für dich ausgedacht.

D.h. dein Ideal von dir entspricht den Erwartungen und Vorstellungen anderer, nicht den deinen!

Wenn du ein Ideal von dir haben möchtest, dann wähle dein eigenes!

D.h., überlege dir, wie du sein möchtest, wer du sein möchtest, was du sein möchtest.

Und dann entwickle dich zu dem, der du sein möchtest. Werde Schritt für Schritt zu dem Menschen, der du sein möchtest.

Bis du zu dem geworden bist, der du sein möchtest, beherzige den folgenden Rat.

7. Gib dir selbst die Liebe und den Beifall, den du dir von anderen wünschst.

D.h.: Was immer du tust, wer immer du bist, behandle dich selbst so, wie du gerne von anderen behandelt werden möchtest und/oder wie du einen Freund behandeln würdest.

D.h., akzeptiere dich so, wie du bist und was du bist, auch wenn du nicht der bist, der du sein möchtest. (Selbst)Liebe verändert deine Welt.

8. Mach dir deine Stärken und positiven Seiten bewusst.

Wenn ich meine Patienten bitte, mir zu sagen, welche positiven Seiten und Stärken sie haben, entsteht in der Regel erst einmal eine lange Pause. Es fällt ihnen nichts oder sehr wenig ein.

Vermutlich geht es dir ähnlich. Wenn dir nur Negatives über dich einfällt, dann ist es nicht verwunderlich, dass dein Selbstwertgefühl und dein Selbstbewusstsein gering sind.

Welche positiven Seiten hast du also als Mensch, in geistiger, körperlicher, beruflicher, finanzieller, musischer oder künstlerischer Hinsicht? Welche Talente und Fähigkeiten hast du? Zumindest aber: Was kannst du gut?

Sag mir nicht, dass an dir nichts Positives ist. Du hast wie jeder Mensch Stärken und positive Eigenschaften. Mach dich auf die Suche nach ihnen und notier dir hier mindestens 5 davon.

Mir gefällt an mir:

....

....

....

....

9. Sag dir: Ich mag dich.

Diese Übung habe ich bewusst an den Schluss gesetzt. Warum? Weil es die wichtigste und schwierigste Übung zur Stärkung deines Selbstwertes ist.

Würdest du mit dieser Übung als erstes beginnen, würdest du von ihr nicht profitieren. Sie könnte dir sogar schaden.

Also bitte: Mach diese Übung erst, wenn du all meine vorherigen Tipps umgesetzt hast und dein Selbstwert bereits etwas gestärkt ist.

Was hast du dir immer gewünscht, von deinen Eltern, Geschwistern oder Gleichaltrigen zu hören, hast es aber nur selten oder gar nicht gehört? Vermutlich waren das Worte wie: »Ich mag dich. Ich hab dich gern.«

Wir alle sehnen uns nach bedingungloser Liebe. Wir möchten um unserer Selbst willen geliebt werden.

Wenn du sagst: »Ich kann mich nur annehmen, wenn ich perfekt bin, wenn ich einen perfekten Körper habe, wenn ich dieses oder jenes erreicht habe.«, dann tust du genau das, was deine Eltern taten.

Du stellst Bedingungen an deine Liebe zu dir selbst. Du sagst zu dir: »Wenn du so bist, dann mag ich dich nicht. Ich hab dich nur lieb, wenn du dich änderst.«

Deshalb ist es wichtig, dass du dich annimmst, auch wenn du nicht perfekt bist.

Wenn du deine Selbstachtung davon abhängig machst, dass du perfekt bist, werden dein Selbstwertgefühl und Selbstvertrauen nicht stabil und stark sein.

Nimm dir jeden Tag für die nächsten 30 Tage einige Minuten Zeit. **Ganz wichtig:** Versetz dich vor Beginn der Übung in eine gute Stimmung, indem du z.B. deine Lieblingsmusik anhörst. Dies erleichtert dir die Durchführung dieser Übung.

Nimm einen kleinen Handspiegel oder stell dich vor einen großen Spiegel. Du solltest diese Übung ungestört und unbeobachtet machen.

Diese Übung wird dich vermutlich die meiste Überwindung kosten - aber sie ist auch die mächtigste von allen und kann wahre Wunder bewirken.

Setz ein Lächeln(!) auf deine Lippen, schau dir ein paar Sekunden wohlwollend in die Augen. Dann sag dir laut: »Vera« (setz hier deinen Vornamen ein), »ich liebe dich.« Lass diese Worte ein paar Sekunden auf dich wirken.

Dann sag dir 5 Dinge, auf die du stolz bist oder die du an dir magst. Etwa: »Ich bin stolz auf dich, dass du den Mut aufbringst, diese Übung zu machen. Ich bin stolz auf dich, dass du dich bemühst, dich anzunehmen. Mir gefallen deine schönen Augen. Ich finde es toll, dass du dich so liebevoll um die Kinder kümmerst.«

Wichtig zu wissen: Du wirst dich die ersten Tage bei dieser Übung unwohl fühlen!

Dir wird sich vielleicht der Magen umdrehen, du fängst zu weinen an, dir fällt es unglaublich schwer, dir in die Augen zu schauen und dir zu sagen, dass du dich magst.

Gut zu wissen: Diese Reaktionen sind völlig normal. Sie zeigen dir, wie feindlich du zu dir eingestellt bist und wie schwer du dich tust, dich selbst zu loben.

Lass dich von deinem Unwohlsein bei dieser Übung nicht

davon abhalten, diese Übung solange zu machen, bis du sie zumindest ohne Widerwillen machen kannst. Nimm dein Unwohlsein als Ansporn, dich mehr wertzuschätzen.

Was dich nachdenklich machen sollte ...

Wenn dir jemand sagt, du seist total unfähig, ein Vollidiot, ein Versager, ein Arsch, ein Rindvieh. Fändest du das respektlos?

Vermutlich. Frage: Warum wirfst du dir solch respektlose Worte selbst an den Kopf?

Eine positive Selbstachtung ist das wertvollste, das du besitzen kannst.

Mach dir dieses Geschenk. Jeden Tag! Für den Rest deines Lebens.

7

Selbstbewusst durch selbstbewusste Körpersprache

Tu so, als wärst du selbstbewusst,
und du wirst es.

Wenn es eine Methode gäbe, mit der du in nur 2 Minuten für kurze Zeit dein Selbstbewusstsein stärken könntest, würde dich das interessieren?

Vermutlich. Die gute Nachricht ist: Diese Methode gibt es. Wie sie funktioniert, zeige ich dir in diesem Kapitel.

Ich zeige dir auch, wie du mit einfachen Mitteln mehr Selbstbewusstsein ausstrahlen und dich selbstsicherer fühlen kannst.

Unsere Gefühlslage schlägt sich unbewusst im Körper nieder.

Unser Körper spricht für sich. Je nach Stimmungslage ändert sich unsere Körperhaltung ganz automatisch.

An der Körperhaltung kann man ablesen, wie es anderen stimmungsmäßig geht.

Wenn man niedergeschlagen und deprimiert ist, dann drückt sich das in der Kopf- und Körperhaltung, der Stimme, der Mimik und Gestik aus: Der Kopf ist gesenkt, die Schultern hängen leicht nach vorne, die Stimme ist ausdruckslos, der Gang schleppend.

Durch die bewusste (!) Einnahme einer bestimmten Körperhaltung können wir Einfluss auf unsere Gefühle nehmen.

Mach gleich jetzt einmal folgende aufschlussreiche Übung: Setz dich mit gesenktem Kopf und herunterhängenden Schultern für 2 Minuten auf einen Stuhl.

Du wirst feststellen, dass sich deine Stimmung nach den 2 Minuten ins Negative gedreht hat. Du fühlst dich etwas bedrückt, vielleicht auch schwach und hilflos. Deine Körperhaltung hat sich auf deine Stimmung ausgewirkt.

Jetzt nimm im Sitzen für 2 Minuten eine aufrechte Körperhaltung ein, Blickrichtung geradeaus, Brust raus, Schultern nach hinten, Hände in die Hüfte stemmen.

Wie fühlst du dich nach den 2 Minuten? Wenn es dir wie den meisten Menschen geht, dann fühlst du dich nur durch die Veränderung deiner Körperhaltung ein wenig selbstsicherer.

Nutz dieses Wissen. Indem du für mindestens 2 Minuten eine selbstsichere Körperhaltung einnimmst, verleihst du deinem Selbstbewusstsein einen kleinen Schub.

> Verhalte dich so,
> als wärst du selbstsicher,
> und du wirst es mit der Zeit.

Diese Tatsache kannst du dir zunutze machen, um dich selbstbewusster zu fühlen und zu verhalten und auf andere selbstsicherer zu wirken.

Ziel ist, dass du mehr auf deine Körpersprache achtest und lernst, deinen Körper bewusst (!) als ein Ausdrucksmittel selbstsicheren Verhaltens einzusetzen.

Du kannst dich durch Körpersprache kleiner, aber auch größer machen.

Blickkontakt

Unsicherer Blickkontakt

Unsichere Menschen tun sich schwer, ihrem Gegenüber in die Augen zu schauen. Sie weichen dem Blick anderer aus, schauen (verlegen) auf den Boden oder tragen eine dunkle Sonnenbrille, hinter der sie sich verstecken und ihre Umwelt unbemerkt beobachten können.

Selbstsicherer Blickkontakt

Du kannst auf andere alleine schon dadurch selbstsicherer wirken, dass du anderen Menschen ganz bewusst in die Augen schaust, wenn du dich mit ihnen unterhältst.

Das mag dich einige Überwindung kosten, und du wirst dich dabei ertappen, dass du immer wieder versucht bist wegzuschauen.

Wenn du jedoch Tag für Tag übst, den Blickkontakt zu halten, wirst du merken, dass es dir nach kurzer Zeit viel leichter fällt, andere bei einer Unterhaltung anzuschauen.

Also: Wenn du dich damit schwertust, anderen in die Augen zu schauen, dann üb das.

Beachte bitte: Schau dem anderen nur 2 bis 5 Sekunden in die Augen. Mehr oder weniger wird als befremdend erlebt.

Körperhaltung - Mimik - Gestik

Unsichere Körperhaltung

Unsichere Menschen sind in ihrer Körperhaltung oft leicht nach vorne gebeugt und ihre Schultern hängen herunter. Durch ihre Körpersprache machen sie sich klein. Dies signalisiert Unterwürfigkeit und gibt ihnen das Gefühl von Unterlegenheit.

Selbstsichere Körperhaltung

Du kennst sicher den aufmunternden Spruch: »Kopf hoch«, womit man im wörtlichen und übertragenen Sinn ausdrücken will: Schau nach vorne, in die Zukunft. Lass dich nicht unterkriegen. Das wird schon wieder.

Selbstbewusste Menschen gehen und stehen aufrecht mit erhobenem Haupt. Das verleiht ihnen eine selbstbewusste Ausstrahlung.

Gestik

Unsichere Gestik

Unsichere Menschen wissen oftmals nicht, was sie mit ihren Händen anfangen sollen.

Manche verbuddeln sie in den Hosentaschen, andere fuchteln wild damit in der Gegend herum. Manche umklammern ihren Brustkorb mit den Händen oder halten sich an der Armlehne fest.

Selbstbewusste Gestik

Gewöhn dir an, deine Arme ruhig nach unten hängen oder beim Sitzen locker auf den Oberschenkeln oder der Armlehne ruhen zu lassen.

Händedruck

Unsicherer Händedruck

Viele, nicht alle, unsichere Menschen haben einen laschen Händedruck. Wenn sie einem die Hand geben, hat man das Gefühl, einen Schwamm in den Händen zu halten.

Selbstbewusster Händedruck

Ein Ausdruck selbstsicheren Verhaltens ist, dass du dir einen festen Händedruck angewöhnst.

Stimme, Tonfall, Wortwahl

Unsichere Stimme

Unsichere Menschen sprechen oft leise und monoton oder sie sprechen schnell, verhaspeln sich, verschlucken Wortendungen.

Selbstbewusste Stimme

Achte deshalb darauf, dass du so laut und deutlich sprichst, dass man deinen Worten auch Gehör schenkt. Auch das laute und deutliche Sprechen kannst du zuhause alleine üben.

Unsichere und selbstbewusste Wortwahl

Unsichere Menschen kann man meist an der Art erkennen, wie sie sprechen. Sie gebrauchen bestimmte unsichere Redewendungen, die sie entlarven. Hier einige Beispiele:

Entschuldigung, könnten Sie mir ...

Du entschuldigst dich für eine Bitte oder etwas Selbstverständliches. Sag stattdessen direkt, was du möchtest: »Guten Tag. Ich möchte ... Ich hätte gerne ... .«

Ich finde, man könnte ...

Du bist dir deiner Sache nicht sicher, bist nicht von deinem Vorschlag überzeugt. Sag stattdessen: »Ich möchte ... .«

Mein Mann meint auch, ...

Du verschanzt dich mit deiner Meinung hinter einem anderen. Das zeugt von einem schwachen Rückgrat. Sag stattdessen »Ich meine ... .«

Ich habe es getan, weil ...

Du verteidigst und rechtfertigst dein Verhalten. Ist das wirklich notwendig oder willst du damit nur erreichen, dass der andere dir verzeiht?

So habe ich das nicht gemeint. Ich wollte sagen ...

Dein Gegenüber missbilligt eine Äußerung von dir. Sofort nimmst du deine Worte zurück und versuchst, auf seine Linie einzuschwenken. Bleib bei deinem Standpunkt. Du hast ein Recht auf deine Meinung.

Man könnte ...

Du versteckst deine Meinung oder deinen Wunsch hinter einer ominösen Allgemeinheit, die du mit »man« umschreibst. Bring zum Ausdruck, dass DU etwas möchtest oder nicht möchtest.

Eigentlich würde ich ...

Das Wort »eigentlich« ist überflüssig. Du beziehst nicht klar Stellung und sagst quasi, dass du ein bisschen schwanger bist. Leg dich fest und sag eindeutig deine Meinung.

Achtung: Selbstbewusstseins-Falle

Wenn du beginnst, deine Körperhaltung zu verändern, wenn du anderen Menschen in die Augen schaust oder diese anlächelst, dann wirst du am Anfang den Eindruck haben, dein neues Verhalten sei aufgesetzt und unnatürlich.

Damit hast du vollkommen recht. Das ist es tatsächlich, aber nur solange, bis es dir zur Gewohnheit geworden ist, bis du es gewohnt bist, dich so zu verhalten.

Wenn man ein eingefahrenes Verhalten durch ein neues ersetzen will, dann hat man zunächst immer das Gefühl, man vergewaltige sich selbst, und man neigt dazu, zum alten Verhalten zurückzukehren, weil es einem natürlich, normal und richtig erscheint.

Jedes Verhalten,
das man sich angewöhnt hat,
erscheint zu einem gehörig,

gleichgültig, wie gesund oder schädlich
es auch sein mag.

Wenn du lernen möchtest, selbstsicherer aufzutreten, dann musst du eine Zeitlang in Kauf nehmen, dass dir dein neues Verhalten künstlich und aufgesetzt erscheint. Dieser Eindruck verschwindet in dem Moment, in dem dir das neue Verhalten zur Gewohnheit geworden ist.

Lass dich also von deinem Gefühl, die hier beschriebenen Verhaltensstrategien seien aufgesetzt, nicht dazu verleiten, zu deinem alten Verhalten zurückzukehren.

Beim Blickkontakt, bei der Körperhaltung, der Mimik und der Gestik kommt es letztlich darauf an, dass diese Ausdrucksformen in Einklang mit deinen Wünschen, Bedürfnissen und Zielen stehen.

Wenn du eine berechtigte Forderung durchsetzen möchtest, musst du auch durch deine nonverbalen Signale deutlich machen, dass es dir ernst ist.

Wenn du dich unsicher verhältst und selbstsicher redest, dann ist deine Botschaft widersprüchlich, und du läufst Gefahr, nicht ernst genommen zu werden, und kommst dann möglicherweise nicht zu deinem Recht.

Die Körpersprache
(Mimik, Gestik, Händedruck, usw.)
dient dazu, deine Worte zu unterstreichen,
ihnen noch mehr Bedeutung zu geben.

Körperhaltungen üben, die selbstbewusst machen

Lass dich von deinem Smartphone (Wecker App, Erinnerungs App, Hintergrundbild) mehrmals täglich daran erinnern, deine Körperhaltung zu überprüfen und - wenn nötig - zu korrigieren.

Setze die selbstbewusste Körpersprache vor wichtigen Gesprächen und Meetings gezielt ein (notfalls heimlich auf der Toilette oder im Fahrstuhl).

Schon 2 Minuten genügen, damit dein Körper mehr Testosteron produziert und der Cortisolspiegel (Stresshormone) zurückgeht! Dadurch wirst du einen kühlen Kopf bewahren und im entscheidenden Moment dein Bestes geben.

Wenn du häufig ein Smartphone benutzt, dann ist die Wahrscheinlichkeit groß, dass du dabei mit gesenktem Kopf und nach vorne gebeugt auf das Display blickst. Du machst dich klein und nimmst damit die Körperhaltung ein, die genau das Gegenteil einer selbstbewussten Körperhaltung ist.

Was das für dein Selbstvertrauen und die Stressanfälligkeit bedeutet, kannst du dir denken.

Achte also immer wieder bewusst darauf, dass du dich von mobilen Geräten nicht in eine schlechte Körperhaltung bringen lässt - vor allem vor wichtigen Gesprächen!

Streck dich jetzt am besten ordentlich, lächle und nimm eine der folgenden »Powerposen« ein.

Powerposen

Probier eine der folgenden Powerposen:

▶ Setz dich für ein bis zwei Minuten hinter deinen Schreibtisch und leg entspannt die Füße auf den Tisch.

▶ Lehn dich gemütlich auf dem Stuhl zurück und verschränk für zwei Minuten die Hände hinter deinem Kopf.

▶ Stell dich entspannt hin und stütz deine Hände in die Hüften.

▶ Lehn dich lässig an einen Tisch und stütz dich mit einer Hand auf der Tischplatte ab.

Auf welche nonverbalen Signale einer selbstbewussten Körpersprache möchtest du mehr achten?

Notier diese hier.

....

....

8

Sag JA zum NEIN

Wenn du es anderen recht machst,
achte darauf, dass du dich nicht vergisst.

Stell dir mal vor, du könntest ohne Angst vor Ablehnung und ohne schlechtes Gewissen Nein sagen. Würdest du häufiger Nein sagen? Und: Hätte das Vorteile für dich?

Ich denke schon. Deine Vorteile könnten sein: Du wärst zufriedener und ausgeglichener. Du kämst dir weniger ausgenutzt vor. Du hättest mehr Zeit für dich und die Dinge, die dir wichtig sind.

Sind diese Vorteile es wert, Nein sagen zu lernen? Hast du Lust bekommen, öfter Nein zu sagen? Wenn Ja, dann lass uns schauen, wie du das lernen kannst.

Schauen wir uns zunächst an, warum dein Nein so oft unausgesprochen bleibt.

Warum du immer wieder in die Ja-Falle tappst

In der Regel sind es Ängste, die dazu führen, dass dein Nein unausgesprochen bleibt.

Häufige Befürchtungen sind:

Wenn ich Nein sage,

▶ gibt es Diskussionen, Streit und Konflikte. Das wäre mir total unangenehm und peinlich. Ich habe ein großes Harmoniebedürfnis.

▶ mache ich mich unbeliebt, stoße ich den anderen vor den Kopf, lass ich den anderen hängen, hält er mich für ein Arschloch, wird er mit mir kein Wort mehr wechseln.

▶ habe ich hinterher ein schlechtes Gewissen.

▶ bin ich ein Spielverderber.

▶ halten andere mich für egoistisch und herzlos.

▶ fühlt sich der andere als Person abgelehnt.

▶ schadet das meiner Karriere.

▶ stört das den Familienfrieden, ruiniert das die Freundschaft.

▶ wird mir der andere nicht helfen, wenn ich ihn um etwas bitte.

Dies sind keine hilfreichen Gedanken, um selbstbewusst Nein sagen zu können, wenn andere dich um einen Gefallen bitten, dem du nicht nachkommen möchtest!

Hast du noch andere Befürchtungen, die dich vom Neinsagen abhalten? Notier sie hier:

....

....

Woher kommen diese Befürchtungen?

Als Kinder haben wir nicht gelernt, Nein zu sagen. Im Gegenteil. Wenn wir Nein zu unseren Eltern sagten, dann hagelte es Kritik und man drohte uns mit Liebesentzug.

Lediglich in der Pubertät begehrten wir auf. Wir probierten, unseren Kopf durchzusetzen und sagten trotzig Nein.

Häufig waren die Reaktionen der Eltern auf unser Nein Unverständnis, Ablehnung, Kritik, Tadel, Zurückweisung, Gekränktsein, ja vielleicht sogar Schläge.

Wir lernten: Nein sagen bringt Stress, Disharmonien, Streit, Nachteile, ja sogar Strafen. Es war bequemer, ein liebes und gehorsames Kind zu sein oder wenigstens so zu tun.

Wir haben gelernt: Sei ein lieber Junge, sei ein braves Mädchen, sonst verscherzt du es dir mit anderen, und das kann böse Folgen für dich haben.

Als Erwachsene tragen wir immer noch das ängstliche Kind mit uns herum, das sich davor fürchtet, abgelehnt und verstoßen zu werden.

Bist du ein notorischer Ja-Sager?

Wenn Ja, dann überleg mal:
Was ist etwas wert, das man immer bekommt,
einem immer zu Verfügung steht?
Nichts. Es wird zur Selbstverständlichkeit.

Wenn du andere regelmäßig
mit Nettigkeiten überhäufst, statt ab und zu
etwas zu fordern und abzuschlagen,
dann wird dir das leicht als Unterwürfigkeit
ausgelegt.

Deshalb:
Geh sparsam mit Nettigkeiten und Gefälligkeiten
um. Dann werden diese mehr geschätzt -
und du auch.

Nachteile, wenn du nicht Nein sagen kannst

Wenn du keine Grenzen ziehen kannst, dann zahlst du möglicherweise einen hohen Preis:

▶ Du bist häufig unzufrieden.

▶ Du hast weniger Zeit für dich.

▶ Deine Bedürfnisse kommen zu kurz.

▶ Du machst dir Stress, weil du deinen Verpflichtungen durch die zusätzlichen Aufgaben nur unter Zeitdruck nachkommen kannst.

▶ Du ärgerst dich über dich, dass du so wenig Mumm hast und nicht Nein sagen kannst.

▶ Du ärgerst dich über andere, wenn diese nicht merken, dass dir alles zu viel wird.

▶ Du kommst dir ausgenutzt und benutzt vor.

▶ Du fühlst dich fremdbestimmt und deshalb hilflos.

▶ Du wirst von anderen als nützlicher Trottel angesehen.

▶ Du läufst Gefahr, an Depressionen oder einem Burnout zu erkranken, weil du dich überforderst.

Wenn du nicht Nein sagen kannst,
ist das eine Einladung an andere,
sich auf deine Kosten einen Vorteil
zu verschaffen. Willst du das?

Vorteile, wenn du Nein sagen kannst

▶ Du hast mehr Zeit für dich und die Dinge, die dir wichtig sind und dir am Herzen liegen.

▶ Du hast das Gefühl, selbstbestimmt zu leben - was enorm

wichtig ist für dein seelisches Wohlbefinden.

▶ Du wirst von anderen mehr respektiert, auch wenn diese zunächst von deinem Nein enttäuscht sind.

▶ Du übernimmst die Kontrolle über dein Leben und deine Zeit, weil du dich nicht verplanen lässt.

*Die Fähigkeit, das Wort »Nein« auszusprechen,
ist der erste Schritt zur Freiheit.*
Nicolas Chamfort

Wann Neinsagen ein absolutes Muss für dich ist

▶ Aufgrund beruflicher und/oder privater Überlastung fühlst du dich ständig müde, abgespannt, erschöpft. Reduziere deine Verpflichtungen. Denk dran: Die Welt dreht sich weiter, auch wenn du dich zurücknimmst.

▶ Du fühlst dich ständig ausgenutzt und benutzt. Kein Pardon mehr. Jetzt wird es Zeit, dass du an dich denkst.

Gedanken, die das Neinsagen erleichtern

▶ Andere haben das Recht zu fragen, ich habe das Recht abzulehnen.

▶ Ich lehne nicht die Person ab, nur seine Bitte.

▶ Ich weiß nicht, wie der andere auf mein Nein reagieren wird. Mag sein, dass er enttäuscht oder verärgert ist, mag sein, dass er damit gut klarkommt. Er wird über mein Nein hinwegkommen.

▶ Mein Nein wird ihn nicht umbringen und er wird eine andere Lösung für sein Problem finden.

Diese hilfreichen Gedanken fühlen sich zunächst unecht und falsch an. Warum? Weil du das, was du dir da sagst, noch nicht glaubst. Das ändert sich mit mehr Übung.

Fallen dir weitere hilfreiche Selbstgespräche ein, die dir das Neinsagen erleichtern könnten? Dann notier sie hier:

....

....

Selbstbewusst Nein sagen will geübt werden

Stell dir vor, du könntest ohne Skrupel Nein sagen, wann du willst und zu wem du willst. Wie fühlt sich das an? Welche Freiheiten würdest du gewinnen? Ginge es dir besser?

Fühlt es sich toll an, Nein sagen zu können? Wärst du stolz auf dich? Wenn ja, dann lass uns schauen, wie du lernen kannst, Nein zu sagen.

Aller Anfang ist etwas holprig.

Die ersten Neins kosten Überwindung. Sie gehen meist mit einem schlechten Gewissen einher.

Die gute Nachricht ist: Das schlechte Gewissen wird mit jedem Nein weniger. Jedes Nein macht das nächste Nein leichter.

Mit etwas Übung kommt das Nein selbstverständlich über die Lippen.

Die perfekte Formulierung eines Neins

Die gibt es nicht. Je nach Person und Situation kann, darf und muss ein Nein anders ausfallen.

Um ein Nein überzeugend rüberzubringen, braucht es die richtige Wortwahl und eine selbstbewusste Körpersprache.

1. Rede Klartext.

In der Kürze liegt Würze. Sag klipp und klar, was du möchtest. Lass an deinem Nein keine Zweifel und gib keinen Raum für Interpretationen.

Deine Wortwahl und die Art, wie du das Nein aussprichst, muss Entschlossenheit signalisieren!

Beispiele für ein gutes Nein:

Nein, das will ich nicht.

Nein, das geht nicht.

Leider Nein.

Ich kann nicht.

Ich will nicht.

Keine Entschuldigung. Keine Rechtfertigung. Keine Ausreden.

Nein ist ein vollständiger Satz.
Er benötigt keine Rechtfertigung oder Erklärung.

Am Anfang, wenn man noch Bammel beim Neinsagen hat, kommt das Nein leichter über die Lippen, wenn man dem anderen erklärt, warum man Nein sagt.

Durch die Begründung kommt das Nein weniger hart rüber, der andere hat vermutlich mehr Verständnis für deine Absage und er weiß, dass dein Nein nicht seiner Person, sondern seinem Wunsch gilt.

Vorschläge für ein Nein mit Begründung:

Nein, dafür fehlt mir die Zeit.

Ich kann dir im Moment nicht helfen, weil ich andere Prioritäten habe (anderes zu tun habe).

Ich kann nicht, weil ...

Nein, dazu habe ich keine Lust.

(Ich gebrauche diese Formulierung gerne. Warum auch nicht? Hab ich kein Recht, nach meinem Lustprinzip zu gehen? Warum sollte ich mich vergewaltigen und etwas tun, was mir zuwider ist? Schließlich ist mein Wohlbefinden ebenso wichtig wie das des anderen.)

Wenn ich mich klonen könnte, dann hätte ich Zeit. So aber kann ich leider nicht.

Nein, das mach ich prinzipiell nicht.

Nein ausgeschlossen. Ich stecke über beide Ohren in Arbeit. Ich kann keine zusätzliche Arbeit annehmen.

Nein, heute bin ich bereits verplant.

Ich würde dir gerne helfen, aber ich bin gerade intensiv mit etwas beschäftigt. Komm bitte später noch mal auf mich zu.

Wenn du mitten in einer wichtigen Arbeit um Hilfe gebeten wirst, lass den Hilfesuchenden wissen, dass du generell bereit bist, ihm zu helfen, nur im Moment nicht - doch nur, wenn du dem anderen wirklich helfen willst, nicht um ihn einfach loszuwerden.

Dafür bin ich nicht der richtige (Ansprechpartner). Versuchs mal bei ...

Wenn du dich nicht kompetent oder überfordert fühlst, dem

anderen zu helfen, dann ist dieser Grund für deine Ablehnung angebracht. Wenn du dem anderen eine andere Person oder Organisation empfehlen kannst, dann tu das.

Nachteile eines Neins mit Begründung:

1. Der andere kann deine Begründung nutzen, um dich umzustimmen, indem er sagt:

Du hast diese Woche keine Zeit. Kein Problem. Dann halt nächste Woche. Ruf mich an.

2. Eine Begründung kann dir als Rechtfertigung ausgelegt werden. Das schwächt dein Nein. Deshalb: wenn eine Begründung, dann nur eine kurze.

Das Nein vertagen

Viele Anfragen und Bitten muss man nicht sofort mit Ja oder Nein beantworten.

In diesen Fällen schlaf eine Nacht drüber und sag: *Ich überlegs mir und sag dir (heute abend, morgen ...) Bescheid.*

Die Bedenkzeit gibt dir Gelegenheit, in Ruhe darüber nachzudenken: Hab ich die Zeit, dem anderen den Gefallen zu tun? Ist jemand anderer besser geeignet, der Bitte nachzukommen? Kollidiert sein Wunsch mit meinen Prioritäten?

Eine Nacht darüber schlafen ist eine Möglichkeit, wenn du tatsächlich im Moment der Bitte unsicher bist, ob du der Bitte nachkommen willst/kannst.

Wenn du jedoch um Bedenkzeit bittest, weil es dir unangenehm ist, sofort Nein zu sagen, dann solltest du dein Nein nicht aufschieben. Warum?

Weil du dich dann die ganze Zeit bis zu deiner endgültigen Absage mit der Frage quälst: Wie sag ich es ihm? Das erschwert dir das Neinsagen noch mehr und bereitet dir eine schlaflose Nacht.

2. Unterstreich dein Nein mit einer selbstbewussten Körpersprache.

Stell dir vor, jemand schlägt dir eine Bitte ab, während er dabei verlegen auf den Boden schaut, sich im Gesicht kratzt oder nervös mit einem Kugelschreiber spielt.

Macht ein so vorgetragenes Nein auf dich den Eindruck, dem anderen ist es damit ernst? Wohl kaum.

Unterstreiche deshalb dein Nein mit einer eindeutigen Körpersprache, die keine Zweifel an deinem Nein aufkommen lässt. Wie sieht eine solche Körpersprache aus? Etwa so:

Arme vor der Brust verschränken, oder

mit der Hand eine abwehrende Bewegung machen, oder

Kopf schütteln und dem anderen in die Augen schauen und

das Nein mit fester Stimme aussprechen.

Eine selbstbewusste Körpersprache verleiht deinen Worten Gewicht. Achte darauf, wenn du überzeugend Nein sagen willst.

Total unglaubwürdige Neins

Es gibt schwammige und unsichere Formulierungen, die beim anderen den Eindruck erwecken, dass dein Nein nicht das letzte Wort ist. Also wird er weiter bohren und versuchen, dich umzustimmen.

Formulierungen, die dein Nein schwächen, sind:

möglicherweise,

vielleicht,

eigentlich nein,

nein, nicht so gern,

tut mir echt leid,

nicht böse sein, aber ich kann nicht,

entschuldige, ich würde ja gerne ...,

Es tut mir entsetzlich leid, dass ich dich enttäuschen muss.

Nimms nicht persönlich; das ist nicht gegen dich gerichtet.

Je schuldbewusster dein Nein klingt, umso größer ist die Gefahr, dass der andere dein schlechtes Gewissen erkennt und dazu benutzt, dich zu einem Ja zu überreden.

Streich solche Formulierungen aus deinem Wortschatz. Sie bringen dich nicht weiter.

Bitte recht freundlich?

Ein Lächeln beim Neinsagen mag die Härte deines Neins abfedern und den anderen milde stimmen.

Doch Vorsicht: Ein Lächeln beim Neinsagen kann dir als Schwäche und Unsicherheit ausgelegt werden - und so den anderen ermutigen, weiterzubohren.
Deshalb lieber nicht lächeln.

Was dir das Neinsagen leichter macht

TIPP 1. Kenne deine wichtigsten Prioritäten, Werte und Ziele.

Warum ist das wichtig fürs Neinsagen? Ein Nein fällt leichter, wenn du weißt, was dir wichtig ist und guttut.

Wenn du überzeugter Vegetarier wärst und jemand würde dich zu einem Burger einladen, würdest du ihn essen oder dankend ablehnen? Du würdest entschlossen Nein zum Burger sagen, richtig?

Wenn du überzeugter Gegner von Massentierhaltung wärst, würdest du dann ein Huhn kaufen, das garantiert aus Massentierhaltung stammt? Vermutlich nicht.

Du siehst: Wenn dir etwas sehr wichtig ist, dann fällt dir das Neinsagen leichter.

Überleg also:

Welche Werte und Menschen sind mir wichtig?

Was ist das Wichtigste für mich im Leben?

Was hat für mich oberste Priorität?

Mit wem oder für was möchte ich möglichst viel Zeit verbringen: mit Gesundheit, Sport, Ernährung, dem Partner, den Kindern, der Arbeit?

Prüfe, ob ein Ja zu anderen ein Nein zu deinen Werten und Bedürfnissen ist. Prüfe, ob ein Ja zu anderen bedeutet, dass deine Werte und dein Wohlbefinden darunter leiden.

Ein Ja beinhaltet immer auch ein Nein. Ein Ja zu einer Sache bedeutet immer ein Nein zu anderen Möglichkeiten.

Ein Ja zu einer Einladung für ein Fest, geht einher mit einem Nein zu einem gemütlichen Abend zu Hause mit dem Partner.

Ein Ja zur Übernahme einer zusätzlichen Arbeit(vom Chef, von Kollegen) geht einher mit einem Nein zu deiner Freizeit und weniger Zeit für deine eigentliche Tätigkeit.

TIPP 2. Balle deine Hand zur Faust.

Wenn du dich selbstsicherer fühlen willst, balle eine Hand für einige Sekunden zur Faust.

Lass dich überraschen, wie das Hände-zur-Faust-Ballen deinem Selbstbewusstsein einen kleinen Schub gibt.

TIPP 3. Mach dir klar: Jeder Mensch ist egoistisch.

Machen wir uns nichts vor: Jeder ist egoistisch. Auch wenn du Ja sagst, obwohl du Nein sagen möchtest, bist du egoistisch. Warum?

Weil du um des lieben Friedens willen, um keinen Streit vom Zaun zu brechen oder um nicht auf Ablehnung zu stoßen, Ja sagst.

Wenn der andere dir vorwirft, du seist egoistisch, dann denke daran: Der andere ist ebenfalls egoistisch. Er äußert seine Bitte nicht aus reiner Selbstlosigkeit, sondern weil er davon Vorteile hat.

Sein Vorwurf, du seist egoistisch, ist nur ein Manipulationsversuch. Mach dir (und ihm) das klar.

TIPP 4. Male dir aus, welch positiven Folgen dein Nein hat.

Z.B. mehr Zeit für dich, den Partner, die Kinder haben, endlich mal keine Verpflichtungen am Wochenende, ...

Je mehr du dir die Vorteile deines Neins vor Augen hältst, umso leichter und entschlossener kannst du Nein sagen.

Wichtig zu wissen!
Wenn du dir ausmalst,
welch negative Folgen dein Nein haben könnte,
dann schwächst du deine Entschlossenheit,
Nein zu sagen.

TIPP 5. Führe stärkende Selbstgespräche.

Neinsagen und selbstbewusst auftreten beginnt wie jede Veränderung in unserem Kopf. Wir müssen uns die Erlaubnis geben, selbstsicher auftreten zu dürfen.

Hierbei können dir die folgenden Gedanken helfen. Lies dir diese so oft durch, bis sie dir in Fleisch und Blut übergegangen sind.

Ich entscheide, wofür ich meine Zeit und Energie einsetze. Meine Zeit und meine Energie sind Geschenke, die ich dann mit anderen teile, wenn ich es für richtig halte, und niemals deshalb, weil andere sie von mir fordern oder erwarten.

Meine Zeit ist mir wichtig. Ich bin mir selbst wichtig. Ich gehe sorgfältig mit der Zeit um, die ich mir für die Dinge freigehalten habe, die mir wichtig sind. Ich lasse es nicht zu, dass mir andere diese Zeit stehlen.

Extra-Tipp: Sprich diese Gedanken auf dein Smartphone, etwa als Sprachmemo. So kannst du sie dir so oft und so lange anhören, bis du sie verinnerlicht hast.

TIPP 6. Entlarve blockierende Gedanken und trainiere selbstbewusstes Denken.

Bevor wir in einer Situation selbstsicher Nein sagen können, müssen wir uns der blockierenden Gedanken bewusst sein, die das verhindern könnten.

Gedanken sind keine Tatsachen!

Wenn du von etwas überzeugt bist,
heißt das nicht, dass du richtig liegst.

Wenn du überzeugt bist,
der andere nimmt dir dein Nein übel,
dann ist das nur eine Befürchtung.
Da du kein Hellseher bist,
kannst du nicht wissen, ob du recht hast.

Wenn du deine ängstlichen Gedanken
für Tatsachen hältst, werden sie dich blockieren
und dir das Neinsagen erschweren.

**Deshalb: Lass deine Gedanken nicht
unbeaufsichtigt. Hinterfrage sie!**

Frage dich: Ist es eine Tatsache, dass ...?
Wenn Nein, dann suche und ersetze deinen
blockierenden Gedanken durch einen hilfreichen,
dein Selbstbewusstsein
stärkenden Gedanken.

Hier einige Beispiele dazu. Du findest zunächst einen verunsichernden Gedanken, den ich hinterfrage und dann durch einen selbstsicheren Gedanken ersetze.

Selbstunsicherer Gedanke: *Wenn ich Nein sage, dann wird der andere sauer auf mich sein.* (Stimmt das? Nein! Tatsache ist: Du weißt nicht, wie er reagieren wird. Er könnte verärgert sein, aber auch verständnisvoll.)

Selbstsicherer Gedanke: Ich weiß nicht, wie er reagieren wird. Mag sein, dass er sauer ist, mag sein, dass er nur enttäuscht ist. Wenn er mich nur mag, wenn ich das tue, was in seinen Kram passt, dann ist mir der Preis für diese Beziehung zu hoch. Ich kann es ertragen, wenn er mich ablehnen sollte - auch wenn es schmerzen würde.

Selbstunsicherer Gedanke: *Wenn ich Nein sage, dann ist der andere enttäuscht, verärgert oder verletzt.* (Stimmt das? Nein. Tatsache ist: Du weißt nicht, wie der andere reagieren wird. Du befürchtest nur, dass er negativ reagiert.)

Selbstsicherer Gedanke: Ich weiß nicht, ob der andere enttäuscht, verletzt oder verärgert reagieren wird. Er könnte mein Nein auch einsehen und akzeptieren.

Wenn er verärgert oder enttäuscht ist, dann tut es mir leid, aber es ist sein Problem. Ich sage lediglich meine Meinung.

Wie er damit umgeht, ist seine Sache. Ich habe das Recht, Wünsche zu äußern und Bitten abzulehnen.

Selbstunsicherer Gedanke: *Wenn ich Nein sage, dann bin ich* *herzlos und egoistisch (und das möchte ich nicht sein).* (Stimmt das? Nein. Tatsache ist: Nein sagen ist nicht egoistisch. Es ist dein Recht.)

Selbstsicherer Gedanke: Ich habe, wie andere auch, das Recht, darauf zu achten, dass meine Bedürfnisse erfüllt werden. Auf die Stimme meines Herzens zu hören ist gesunder Egoismus.

Umdenken lernen ist ein Lernprozess, der Zeit und Übung braucht. Also keine Wunder erwarten!

TIPP 7. Übe das Neinsagen.

Es gibt sicherlich im beruflichen wie im privaten Bereich immer wiederkehrende Situationen, in denen du Nein sagen möchtest.

Da ist der Arbeitskollege, der dich immer wieder um einen Gefallen bittet, die Nachbarin oder Freundin, die regelmäßig um Gefälligkeiten bittet, ...

Auf solche Situationen kannst du dich mental vorbereiten und üben, Nein zu sagen.

Schritt 1: Übe das Nein mental.

Schließ die Augen. Male dir die Situation so lebendig wie möglich aus. Sieh z.B. , wie dein Kollege frägt: »Kannst du mal eben ...?«

Nimm in deiner Vorstellung eine selbstbewusste Körperhaltung ein. Schau dem anderen in die Augen und sag dem Betreffenden freundlich und bestimmt Nein. Klopfe dir selbst auf die Schulter für deinen Mut. Sag dir: Gut gemacht. Kannst stolz auf dich sein.

Nun stelle dir vor, dass der andere dein Nein nicht sofort akzeptiert. Er bohrt weiter, schmeichelt, tut alles, um dich rumzukriegen.

Stell dir vor, wie du ihm zuhörst und ihm am Ende sagst: »Sorry, ich versteh, wie wichtig dir das ist. Aber wie gesagt, ich kann nicht.«

Schritt 2: Übe nun dein Nein vor dem Spiegel.

Stell dich vor einen Spiegel. Schau in den Spiegel, schau dir in die Augen.

Nimm eine selbstbewusste Körperhaltung ein.

Sag dein Nein laut, mit fester und entschlossener Stimme.

Dein Nein laut auszusprechen ist wichtig, damit du hörst, ob du in deine Stimme noch mehr Gewicht und Entschlossenheit legen musst.

Übe Schritt 1 und 2 solange, bis du den Eindruck hast, genügend Mut zu haben, nun auch in der Realität Nein zu sagen.

Helfen könnte dir auch, wenn du dir Vorbilder suchst. Welche Personen in deinem Umfeld tun sich offensichtlich leicht, Nein zu sagen? Wie machen die das? Welche Worte gebrauchen diese? Welchen Gesichtsausdruck haben diese, wenn sie Nein sagen?

Ahme diese Vorbilder nach, wenn du in der Vorstellung und vor dem Spiegel dein Nein übst.

TIPP 8. Stärke dein Selbstwertgefühl.

Eine wichtige Voraussetzung, um selbstbewusst Nein sagen zu können, ist, dass du über ein gesundes Selbstwertgefühl verfügst. Warum?

Wenn man gering von sich denkt, dann ist man von der Meinung und Anerkennung der anderen in starkem Maße abhängig. Man traut sich dann nicht, selbstbewusst aufzutreten, da die anderen einem dies übel nehmen und einen ablehnen könnten.

Wenn du dein Selbstbewusstsein trainieren und häufiger Nein sagen willst, dann ist ein gutes Selbstwertgefühl sehr hilfreich!

Wichtig zu wissen: Je mehr du dich annimmst, umso weniger Angst hast du, von anderen abgelehnt zu werden, und umso leichter fällt es dir, Nein zu sagen.

> Wenn du überzeugt bist,
> liebenswert zu sein,
> ist es dir nicht mehr so wichtig,
> was andere von dir denken.

Menschen, bei denen dir ein Nein besonders schwerfallen könnte

Bei welchen Menschen fällt dir ein Nein besonders schwer, wenn diese dich um Gefälligkeiten bitten? Bei deinem Ehepartner, Kind, Freund, Kollegen, Chef, den Eltern?

Neinsagen beim Chef

Eine Bitte deines Chefs nach Überstunden, Mehrarbeit oder zusätzlichen Aufgaben abzuschlagen mag dir besonders schwerfallen. Es ist ja schließlich dein Boss und es könnte negative Folgen haben, Nein zu sagen.

Erklär deinem Chef, dass zusätzliche Aufgaben deine Arbeitsleistung mindern und du bestehende Aufgaben dann nicht mehr in vollem Umfang erledigen kannst.

Sag: »Ich kann diese (zusätzliche) Aufgabe übernehmen, aber dann fehlt mir die Zeit für das Projekt X/die Aufgabe Y. Was ist Ihnen wichtiger?«

Spiel ihm den Ball zurück und überlass ihm die Entscheidung.

Neinsagen bei den Eltern

Auch wenn du 40 Jahre alt und verheiratet bist, zwei Kinder hast, finanziell und beruflich auf eigenen Beinen stehst, wird es dir möglicherweise wie vielen erwachsenen Kindern gehen: Deinen Eltern gegenüber schaffst du es einfach nicht, selbstbewusst aufzutreten.

Zähneknirschend absolvierst du die von den Eltern erwarteten Besuche, weil du denkst, es würde ihnen das Herz brechen, wenn du nicht kämst, usw.

So zu leben, wie wir es möchten, fällt uns dann besonders schwer, wenn die Eltern uns durch Äußerungen der nachfolgenden Art dazu bewegen wollen, ihrem Willen nachzugeben.

Ich hätte meine Eltern nie so behandelt.

Wir haben nie an uns gedacht.

Niemand liebt dich so sehr wie wir.

Wir haben meine Eltern jeden Monat besucht. Aber jetzt können wir schon von Glück reden, wenn du zweimal im Jahr auftauchst.

Mir macht das nichts aus, aber deinen Vater (deine Mutter) wird es umbringen.

Deine Mutter wird niemals darüber hinwegkommen.

Mach dir um uns keine Sorgen. Wir werden wir schon damit fertigwerden, dass du an Ostern nicht zum Essen kommst.

Wir werden nicht mehr lange da sein, und wenn wir nicht mehr da sind, dann ...

Bei diesen Bemerkungen werden gestandene Männer und emanzipierte Frauen schwach und verwandeln sich schlagartig in liebe Söhne und brave Töchter, die gehorsam antanzen, wenn die Eltern rufen.

Wie kann man mit solchen Worten im Ohr guter Dinge sein und unbeschwert am Wochenende ins Elsaß fahren? Womöglich liegen die Eltern, wenn man zurückkommt, mit gebrochenem Herzen in der guten Stube. Das würde man sich nie verzeihen.

Mal ehrlich. Geht dir bei solchen Worten nicht auch das Messer in der Tasche auf? Musst du dir angesichts solcher Worte deiner Eltern nicht auch auf die Zunge beißen und dich mächtig zusammenreißen, um nicht ausfallend zu werden?

Würdest du mit deinen Eltern soviel Zeit verbringen, und würdest du dir all das gefallen lassen, was du dir von deinen Eltern gefallen lässt, wenn diese Menschen nicht deine Eltern wären? Vermutlich nicht.

Das bedeutet natürlich nicht, deine Eltern hängen zu lassen, wenn diese Hilfe brauchen. Schließlich sind es deine Eltern, und Elternteile hat man nur zwei in seinem Leben.

Es geht darum, dass wir uns nicht durch die Tatsache, dass sie unsere Eltern sind, dazu vergewaltigen lassen, Dinge zu tun, die uns widerstreben, oder die uns daran hindern, uns so zu entfalten, wie wir es möchten.

Da Eltern sehr gerne mit Schuldgefühlen arbeiten, empfehle ich dir, dich dagegen immun zu machen.

Wenn du dich nicht mehr für einen schlechten Sohn oder eine undankbare Tochter hältst, nur weil du deinen Eltern nicht wöchentlich einen Besuch abstattest, sie nicht regelmäßig anrufst oder ihre Ratschläge nicht befolgst, dann kannst du dich ihnen gegenüber auch so selbstsicher verhalten wie gegenüber Menschen, die dir nicht so nahestehen.

Neinsagen bei Freunden

Deine beste Freundin will mit dir permanent über ihre Beziehungsprobleme reden? Sie ruft dich zu allen möglichen Zeiten an und schüttet ihr Herz bei dir aus?

Du willst sie nicht vor den Kopf stoßen und sie hängen lassen? Willst keine treulose Tomate sein?

Bist du sicher, dass sie deine beste Freundin, er dein bester Freund ist? Ja? Bist du sicher, dass dies auch umgekehrt gilt? Auch Ja?

O.k., wenn dem so ist, dann verträgt eure Beziehung auch, dass du Grenzen setzt und ihr/ihm klar machst, dass dir das zuviel wird und du mehr Freiraum brauchst.

Wenn sie/er dir das übel nimmt, dann bist du wohl nicht ihre beste Freundin, sein bester Freund, oder?

In diesem Fall frag dich, ob sie/er den Status meine beste Freundin/mein bester Freund verdient.

Achtung! Emotionale Erpressung

Bei bestimmten Worten fällt es uns besonders schwer, Nein zu sagen, weil diese an unser Pflichtbewusstsein und unser Bedürfnis nach Anerkennung und Harmonie appellieren.

Kennst du die folgenden Formulierungen oder gebrauchst diese selbst?

Sei so nett und ... (soll heißen: Wenn du Nein sagst, bist du nicht nett.)

Du kommst doch wieder zu ... *oder?* (soll heißen: Auf dich ist doch Verlass, oder habe ich mich in dir getäuscht?)

Lass mich nicht im Stich. Ich brauche dich. Ohne dich bin ich aufgeschmissen. Ich habe doch nur dich. (soll heißen: Wenn du Nein sagst, dann bin ich verloren, und du bist schuld.)

Ohne dich macht das nur halb so viel Spaß. (soll heißen: Du bist ein Spielverderber, wenn du nicht mitmachst.)

Durch Formulierungen dieser Art will man dir Schuldgefühle erzeugen und dich so gefügig machen.

Lass dir das nicht gefallen. Bleib standhaft. Du hast das Recht, abzulehnen. Kein Grund, dich schuldig zu fühlen oder gar nachzugeben. Mach das dem anderen klar.

Aufgepasst! Zeiträuber!

Kommen dir folgende Äußerungen bekannt vor?

Kannst du mal eben ...

Darf ich mal eben ...

Würdest du mal eben ...

Kannst du mal ganz kurz/schnell ...

Gibt es Menschen, die dir gegenüber häufig solche Formulierungen verwenden? Vielleicht ein Arbeitskollege, dein Partner, ein Freund, deine Kinder?

Dann weißt du: Mal eben, kurz und schnell ist die Bitte selten erfüllt. Ganz abgesehen, dass die Erfüllung der Bitte deine Pläne durchkreuzt, Mehrarbeit für dich bedeutet, dich von deiner Arbeit abhält.

Deshalb sollten bei solchen Formulierungen deine Alarmglocken schrillen. Solche Formulierungen dienen häufig nur dazu, dich zu überrumpeln und dir deine Zeit zu stehlen.

Also nachfragen, worum es geht, überlegen, ob du das willst und wie viel Zeit die Erfüllung der Bitte in Anspruch nimmt.

Vor allem aber überlegen: Wenn ich Ja sage, kollidiert das mit meinen Wünschen und Zielen? Wenn Ja, dann sag Nein.

Das klingt egoistisch? Ja. Warum solltest du dich nicht in den Mittelpunkt deines Lebens stellen? Du hast das Recht, deine Zeit und Energie für dich und dein Wohlbefinden einzusetzen.

Wie andere reagieren (könnten), wenn du häufiger Nein sagst.

Es wird möglicherweise Diskussionen geben, warum du plötzlich nicht mehr Ja und Amen zu allen Bitten sagst.

Man wirft dir vielleicht vor, egoistisch oder herzlos zu sein.

Man sagt dir vielleicht, du hättest dich zu deinem Nachteil verändert. Man würde dich gar nicht mehr kennen.

Arbeitskollegen, Freunde, Partner und Kinder müssen sich daran gewöhnen, dass du kein Ja-Sager mehr bist, dass du dich wichtig nimmst und nicht mehr nach deren Pfeife tanzt.

Lass ihnen etwas Zeit, sich damit zu arrangieren. Kein Grund, dein Ziel aufzugeben.

Denk daran: Um Ärger zu vermeiden, gibt der Klügere nicht nach. Er wehrt sich, wenn seine Bedürfnisse zu kurz kommen.

Jedes Mal, wenn du Ja sagst, obwohl du lieber Nein sagen würdest, hältst du dich und deine Bedürfnisse für weniger wichtig als die Bedürfnisse anderer. Du stellst die Bedürfnisse der anderen über deine eigenen.

Nein sagen ist ein Schutzschild.
Es schützt dich vor Überforderung.
Es zeigt anderen, dass du weißt,
was du willst.

Nun bist du an der Reihe

Mach eine Liste mit 5 Dingen oder Personen, gegenüber denen du lernen möchtest, Nein zu sagen.

Frag dich: Wenn ich zu jemandem Nein sagen könnte, ohne dass dieser mir das übel nimmt, zu wem oder was würde ich Nein sagen? Gibt es ein Projekt, eine Verpflichtung, das/die ich beenden oder absagen möchte? Gibt es eine Beziehung, die ich beenden möchte? Gibt es eine Person, bei der ich häufiger Nein sagen möchte? Etwa: deine Tochter oder ein befreundetes Ehepaar bittet dich immer wieder, als Babysitter einzuspringen.

Wähle eine Person oder Sache aus, bei der es dir am leichtesten fallen würde, Nein zu sagen. Warum die leichteste Sache? Weil es wichtig ist, dass du schnell Erfolgserlebnisse hast.

Zu Vorbereitung auf dein Nein übe das Nein vor dem Spiegel. Dann tu es. Wenn möglich, gleich jetzt. Wenn das nicht möglich ist, setz dir einen genauen Termin, an dem du dein Nein aussprechen möchtest.

Wichtig zu wissen: Wenn du Angst hast, Nein zu sagen, dann sag dir:»Ich habe Angst, tue es aber trotzdem.«

Durch diese einfache Suggestion motivierst du dich ein wenig, trotz deiner Angst zu handeln.

Nutz dein Smartphone als Personal Trainer.

Wenn du ein iPhone hast, kannst du die Funktion »Erinnerungen« nutzen, um dir täglich für einen Zeitraum von 30 bis 60 Tagen - auch mehrmals täglich - z.B. die Nachricht anzeigen zu lassen: Denk dran: Du willst häufiger Nein sagen.

Eine coole Sache:
So verlierst du dein Ziel,
häufiger Nein zu sagen,
garantiert nicht aus den Augen.

*Eine Erfolgsformel kann ich dir nicht geben;
aber ich kann dir sagen, was zum Misserfolg
führt: der Versuch, jedem gerecht zu werden.*

Herbert Bayard Swope

Fragen, die dich nachdenklich stimmen wollen

Du tust vieles für andere - und für dich?

Du bist immer für die anderen da - und für dich?

Lässt du dich häufig verplanen?

9
Kritik üben
sich beschweren

Wenn es dir wichtig ist,
was andere über dich denken,
dann bist du ihr Gefangener.

Stell dir vor, du hättest den Mut, deinem Partner, den Arbeitskollegen und Freunden zu sagen, wenn dir etwas nicht an deren Verhalten gefällt. Wäre diese Fähigkeit von Vorteil für dich?

Vermutlich Ja. In diesem Kapitel findest du viele Anregungen, wie dir dies gelingen kann.

Keine Frage: Niemand wird gerne kritisiert. Kritik werten wir ganz oft als Angriff auf unsere Person.

Deshalb lautet der vielleicht wichtigste Rat: Geh mit Kritik an anderen sparsam um.

Je nachdem, wie stark unser Selbstwertgefühl und unser Selbstvertrauen sind, reagieren wir auf Kritik gelassen, gereizt, gekränkt und/oder verteidigend.

Menschen mit einem schwachen Selbstwertgefühl fühlen sich durch Kritik zutiefst verletzt und gekränkt und reagieren deshalb auf Kritik verärgert bis hin zu aggressiv oder deprimiert.

Wenn wir kritisieren, dann wollen wir den anderen auf einen Fehler oder ein Unrecht hinweisen. Wir wollen nicht, dass dieser ausrastet oder gekränkt ist.

Die Frage ist also: Wie kritisieren, dass der andere die Kritik leichter annehmen kann?

5 Tipps für richtiges Kritisieren

TIPP 1. Formuliere deine Kritik in der Ich-Form: »Ich mag es nicht, wenn du mich beim Reden unterbrichst.«, statt zu sagen »Du bist so was von rücksichtslos. Wie kannst du mich nur ständig unterbrechen, wenn ich etwas sage.«

Du-Botschaften wie z.B. »Du solltest ...« und Bewertungen der ganzen Person wie »Du bist unmöglich, gemein, unfair ...« führen dazu, dass der andere sich angegriffen fühlt, sich verteidigt und es zu einem Schlagabtausch kommt, wer recht hat.

TIPP 2. Achte darauf, deine Kritik sehr konkret und auf ein Verhalten in einer Situation bezogen zu formulieren.

Verallgemeinerungen wie »Nie machst du ...« oder »Immer tust du ...« führen ebenfalls dazu, dass der andere sich ungerecht behandelt fühlt, und provozieren Verteidigung und Abwehr.

Sag: »Mir gefällt nicht, dass du mir oft, wenn ich mich mit Frau ... unterhalte, ins Wort fällst. Dann komme ich mir dumm und gedemütigt vor.«

TIPP 3. Bemüh dich, dem anderen zu sagen, was dir an seinem Verhalten gefällt.

Es fällt uns leichter, Kritik anzunehmen, wenn wir merken, der andere lehnt uns nicht generell ab oder will uns das Leben nicht schwer machen. Sag: »Gut, gefällt mir ... Womit ich Schwierigkeiten habe, ist, dass du ...«

TIPP 4. Hilfreich für den Kontakt mit anderen ist es auch, wenn wir uns in den anderen hineinversetzen und sagen: »Ich weiß, dass das ... für dich sehr wichtig ist. Ich wünsche mir jedoch, dass ...«

TIPP 5. Lobe zuerst (!) und übe dann Kritik.

Diese Form des Kritisierens ist sehr wirksam. Wir sagen z.B. zuerst »Ich sehe, du gibst dir Mühe; das war schon eine ganz gute Leistung.«

Dann sagen wir, was der andere besser machen oder noch verbessern kann bzw. was uns nicht gefällt. Auf diese Weise kann der andere unsere Kritik besser annehmen.

Ganz wichtig beim Kritisieren

1. Kritisier das Verhalten, nie die Person. Warum? Weil Men-

schen nur ihr Verhalten ändern können. Indem du ihnen sagst, was dich an deren Verhalten stört, haben diese die Chance, es zu ändern.

Also: »Du könntest mehr für die Schule lernen.« statt »Du bist ein fauler Hund.«

2. Warte mit Kritik nicht, bis du vor lauter Ärger kurz vorm Platzen bist. Dann wird deine Kritik sicherlich ungerecht und verletzend und du erreichst gar nichts.

3. Lobe 5 Mal mehr, als Kritik zu üben. Erst bei diesem Lob-Kritik-Verhältnis ist eine dauerhafte und befriedigende Beziehung garantiert. Dieser Tipp ist besonders wichtig für Partnerschaften.

4. Gleichgültig wie milde und süßverpackt du deine Kritik äußerst: Du hast keine Kontrolle darüber, wie der andere deine Kritik auffasst!

Es ist normal, dass Menschen, die kritisiert werden, sich verteidigen.

Kritik äußern ist wichtig - für das eigene Wohlbefinden und den anderen. Rückmeldungen sind absolut notwendig für Veränderungen - auch wenn der Kritisierte zuerst verletzt ist.

Hier noch ein Beispiel, wie du eine Beschwerde selbstsicher rüberbringen kannst.

Kritik äußern in Restaurants

Situation: Dein Steak ist durchgebraten, obwohl du es medium bestellt hast.

Dein Ziel: Du möchtest ein Steak, das medium gebraten ist.

Unsichere Gedanken: »Was soll's. Dann ess ich es eben so. Was soll ich viel Aufhebens machen. Die anderen werden bestimmt zu mir herüberschauen, wenn ich mich beschwere. Das wäre mir peinlich. Das könnte ich nicht ertragen. Wer weiß, wie der Ober reagiert.«

Mit solchen Gedanken machst du es dir schwer, dein Recht auf ein Steak nach deinen Wünschen durchzusetzen. Gewöhn dir deshalb an, selbstsicher zu denken. Das könnte so aussehen:

Selbstsichere Gedanken: »Ich habe ein Recht darauf, mein Steak so zubereitet zu bekommen, wie ich es möchte. Schließlich bezahle ich dafür. Ich kann es ertragen, wenn andere bemerken, dass ich mich beschwere, auch wenn mir das unangenehm ist. Möglicherweise aber imponiert das denen sogar. Wenn der Ober verärgert ist, dann ist das nicht meine Schuld. Er ist dafür da, für mein Wohl zu sorgen.«

Wie du vorgehst: Schau den Ober an, während du sagst: »Mein Steak ist völlig durchgebraten. Ich habe es jedoch medium bestellt. Bringen Sie mir bitte ein neues Steak.«

Was du beachten solltest:

1. Entschuldige dich nicht, dass du dem Ober oder der Küche

Unannehmlichkeiten bereitest.

2. Wenn du keine Zeit oder Lust hast, auf ein neues Steak zu warten, dann könntest du statt »Bringen Sie mir ein neues Steak.« sagen: »Ich habe keine Zeit mehr, auf ein neues Steak zu warten. Bringen Sie mir bitte die Rechnung.«, oder du entscheidest dich, das Steak durchgebraten zu essen.

3. Wenn du das Steak zurückgehen lässt, ohne hierfür ein Ersatzsteak zu verlangen, dann bezahl natürlich das Steak auch nicht, auch wenn der Ober so dreist ist, es auf die Rechnung zu setzen. Du musst nicht für etwas bezahlen, das nicht in Ordnung ist, und das du deshalb zurückgehen lässt.

4. Wichtig ist, dass du reklamierst, ehe du das Steak aufgegessen hast. Wenn du das Steak anschneidest und siehst, dass es durch ist, ist das der richtige Zeitpunkt, um dich zu beschweren.

Hast du es bereits verzehrt, dann hast du keinen Anspruch mehr auf Ersatz oder Verweigerung der Zahlung.

5. Ober fragen manchmal: »Darf ich Ihnen als Entschädigung ein Eis oder einen Espresso bringen?«

Vorsicht! Dies geschieht manchmal, um eine Rechtfertigung dafür zu haben, das Gericht auf die Rechnung zu setzen.

Wenn du einen Espresso möchtest, dann sag: »Gerne, aber das Steak bezahle ich natürlich nicht.«

Was du generell beachten solltest, wenn du Kritik äußerst.

1. Schau den anderen an, während du deine Kritik vorbringst.

2. Äußere deine Kritik in einem selbstbewussten Ton und mit einem ernsten Gesicht.

3. Sag so genau wie möglich, was dich stört. Vermeide also pauschale Urteile oder allgemeine Äußerungen.

Sag z.B.: »Mir gefällt nicht, dass du, wenn wir verabredet sind, immer eine halbe Stunde zu spät kommst und mich warten lässt.«, statt: »Auf dich kann man sich nicht verlassen. Du bist unzuverlässig.«

4. Kritisier nur das Verhalten des anderen oder die Qualität der Ware. Vermeide es, die Person zu kritisieren.

Sag: »Mich stört es, wenn immer ich den Abwasch machen muss.« statt »Du bist stinkfaul.« Benenne das störende Verhalten so genau wie möglich.

5. Du kannst dem anderen, vor allem wenn es sich um einen nahestehenden Menschen handelt, auch mitteilen, wie du sein Verhalten empfindest.

So könntest du sagen: »Wenn du mich nicht ausreden lässt, habe ich das Gefühl, dass du meine Meinung nicht wichtig nimmst, und ich fühle mich verletzt.«

Welcher Satz (Gedanke) in diesem Kapitel ist für dich am wichtigsten? Schreib ihn auf.

....

....

Welches Verhalten bei einer Person stört dich schon lange und du möchtest es kritisieren?

....

....

10
Mit berechtiger und unsachlicher Kritik umgehen

Um Kritik zu vermeiden:
Tu nichts, sag nichts, sei nichts.

E. Hubbard

Stell dir vor, es gäbe eine kugelsichere Weste, die dich vor Kritik und Angriffen schützen würde. Jeder Giftpfeil, den ein anderer auf dich abschießt, würde einfach an dir abprallen, ohne dich zu verletzen. Würdest du dir eine solche Weste zulegen?

Eine solche Weste gibt es. Wie du dir diese zulegen kannst, davon handelt dieses Kapitel.

Mit Kritik selbstsicher umgehen zu können, ist eine wichtige Fähigkeit im Zusammenleben mit anderen Menschen.

Wenn es dir wie den meisten Menschen geht, dann kannst du jedoch mit Kritik nur sehr schlecht oder gar nicht umgehen. Wirst du kritisiert, dann fühlst du dich vielleicht persönlich angegriffen, verteidigst dich, versuchst deinen Kopf aus der Schlinge zu ziehen, indem du die Verantwortung auf andere schiebst, greifst den anderen an, hast Rachegelüste oder ziehst dich gekränkt in eine Ecke zurück und leckst deine Wunden.

Warum können viele von uns so schlecht mit Kritik umgehen? Die Antwort darauf finden wir in unserer Kindheit. Wurden wir als Kinder von unseren Eltern kritisiert, dann empfanden wir ihre Kritik als Ablehnung unserer Person.

Als Kind von den wichtigsten Bezugspersonen abgelehnt zu werden, bedeutet immer, Gefahr zu laufen, die Liebe und Unterstützung dieser wichtigen Menschen zu verlieren.

Wenn wir als Kinder befürchten, die Liebe anderer zu verlieren, dann sehen wir uns buchstäblich in Lebensgefahr, da wir ohne diese Menschen nicht überleben können.

Wir sind als Kinder so auf unsere Eltern angewiesen, sind von ihnen so abhängig, dass wir den möglichen Verlust ihrer Liebe als etwas Lebensgefährliches betrachten. Auch folgte der Kritik der Eltern oft eine Bestrafung.

Auf diese Weise haben wir gelernt, Kritik als etwas sehr Gefährliches anzusehen, vor dem man sich schützen muss, dem man möglichst aus dem Weg gehen muss.

Obwohl unser Überleben als Erwachsene nicht mehr in dem Maße von anderen abhängig ist, obwohl wir sehr gut ohne die Liebe und Unterstützung anderer leben könnten, haben viele von uns trotzdem noch panische Angst vor Kritik.

Warum Menschen Kritik üben

Grundsätzlich gibt es zwei Beweggründe, warum Menschen kritisieren: Sie tun es entweder, um uns zu schaden oder um uns zu helfen.

Wenn Menschen uns durch ihre Kritik schaden wollen, dann ist Kritik für diese ein Mittel, um über uns Kontrolle auszuüben oder uns zu beherrschen.

Durch ihre Kritik wollen sie erreichen, dass wir klein beigeben, uns unterlegen fühlen und sie ihren Willen durchsetzen können. Oft bringen solche Menschen ihre Kritik sehr lautstark, »von oben herab« oder gar aggressiv vor, so dass sie alleine schon durch ihr Auftreten ihre Mitmenschen einschüchtern.

Manche Menschen setzen Kritik aber auch ein in der Hoffnung, der Kritisierte verspürt Schuldgefühle und lässt sich so besser manipulieren. Sie gebrauchen gerne pauschale Urteile wie: »Du tust nie ...«, »Du tust immer ...«, usw. Sie versuchen also auf indirekte Weise, d.h. über Schuldgefühle, ihren Willen durchzusetzen.

Menschen üben aber auch Kritik, weil sie sich rächen und dem anderen etwas heimzahlen wollen. Kritik als Mittel, um Rache zu üben, setzen Menschen meist dann ein, wenn sie sich verletzt oder angegriffen fühlen.

Es gibt auch Menschen, die nur deshalb Kritik üben, weil sie meinen, sie könnten sich dadurch »größer« machen, indem sie andere »klein« machen.

Dann gibt es Menschen, die üben nur Kritik, um die Aufmerksamkeit auf sich zu lenken, oder um von etwas abzulenken, was ihnen unangenehm ist.

Und schließlich üben manche Menschen Kritik, um anderen dadurch zu signalisieren: »Ich bin hier der Boss.« Sie wollen dadurch ihre Position stärken und mögliche Rivalen ausschalten.

Kritik, die in schlechter Absicht geäußert wird, hat nur ein Ziel: Der Kritisierte soll sich schlecht fühlen, damit es der Kritisierende leichter hat, seinen Willen durchzusetzen.

Kritik jedoch, die in guter Absicht geäußert wird, verfolgt das Ziel, dem Kritisierten zu helfen. Durch die Kritik wird der Kritisierte auf seine Fehler aufmerksam gemacht, und er hat so die Chance, es das nächste Mal besser zu machen. Dies trifft auf die Arbeitswelt ebenso zu wie auf private Beziehungen. Dem Kritisierenden liegt viel am anderen, und er möchte deshalb, dass dieser das Beste aus sich macht. Kritik ist in diesen Fällen eine Form von Unterstützung und Anteilnahme.

Es ist nicht immer leicht, zu entscheiden, ob der Kritisierende nun in guter oder schlechter Absicht Kritik übt. Ein manches Mal mag es helfen, wenn du den Kritisierenden frägst, warum er dich kritisiert, und was er damit beabsichtigt.

Auch mag die Art, wie die Kritik vorgebracht wird, einen Anhaltspunkt liefern, was der Kritisierende mit seiner Kritik beabsichtigt. Gebraucht er beleidigende Worte und kritisiert er sehr aggressiv und laut, dann lässt das eher darauf schließen, dass er dich manipulieren will, wenngleich seine Reaktion auch nur übersteigert sein kann, weil ihn etwas schon sehr lange an deinem Verhalten stört und er sich nicht getraut hat, dir das zu sagen.

Wenn du auch nicht immer zweifelsfrei entscheiden kannst, ob es ein anderer mit seiner Kritik gut meint, oder ob er dir schaden will: Du kannst lernen, mit beiden Formen von Kritik gelassen umzugehen. Dazu bedarf es allerdings einer wichtigen Voraussetzung.

Die wichtigste Voraussetzung, um gelassen und selbstsicher mit Kritik umgehen zu können

Wir können nur gelassen mit Kritik umgehen, wenn wir uns sicher fühlen, wenn wir sozusagen eine schusssichere Weste tragen, die kein giftiger Pfeil durchdringen kann!

Und wann fühlen wir uns sicher? Wenn wir Kritik nicht persönlich nehmen, wenn wir uns nicht angegriffen fühlen. Wie nimmt man etwas nicht persönlich?

Das gelingt, wenn wir uns selbst Fehler und Schwächen verzeihen können. Wir müssen erst mit der Selbstkritik und Selbstverurteilung aufhören, dann können wir mit der Kritik von anderen gut umgehen.

Je mehr wir uns nämlich selbst für Fehler und Missgeschicke verurteilen und kritisieren, umso mehr schmerzt Kritik von anderen, umso heftiger trifft uns die Kritik anderer, umso verletzter und angegriffener fühlen wir uns.

Deshalb besteht der erste und wichtigste Schritt darin, dass du aufhörst, dich für deine Fehler und Schwächen zu verurteilen.

> Je rücksichtsvoller und verständnisvoller
> du mit deinen Fehlern und Missgeschicken
> umgehst, umso besser gelingt es dir,
> mit der Kritik anderer umzugehen.

Lerne also, dir Fehler und Schwächen zu verzeihen. In Kapitel 6 findest du hierfür wertvolle Tipps.

Wie kannst du dich nun gegenüber Menschen verhalten, die dich kritisieren? Wie auf gut gemeinte und schlecht gemeinte Kritik reagieren?

Wie mit manipulativer und destruktiver Kritik umgehen?

TIPP 1. Mach Gebrauch von der Nebelbank-Methode.

Eine einfache und wirkungsvolle Methode mit unsachlicher und manipulativer Kritik umgehen zu können, ist die Nebelbank-Methode von Manuel Smith.

Welche Eigenschaften hat Nebel? 1. Man kann nicht durch ihn hindurchschauen. Man weiß nicht, was am anderen Ende ist, und ist deshalb verunsichert. 2. Man kann durch ihn hindurchgehen, er widersetzt sich nicht, aber trotzdem ist man ihm in gewisser Weise ausgeliefert. Er ist da, aber man kann ihn nicht fassen. Er entwischt einem.

Die Nebelbank-Methode besteht darin, dem Körnchen Wahrheit, das oft in der unsachlichen Kritik enthalten ist, zuzustimmen und die unsachlichen Worte und versteckten Andeutungen, die nur darauf abzielen, uns ein schlechtes Gewissen zu machen, zu ignorieren.

Man gibt also ruhig zu, dass an der Äußerung des anderen etwas Wahres dran sein könnte. Man verteidigt sich nicht, man rechtfertigt sich nicht, man schießt nicht zurück, man sagt einfach: »Da kannst du recht haben« oder »Wahrscheinlich hast du recht« oder »Das ist gut möglich« oder einfach »Stimmt«.

Schauen wir uns ein Beispiel an. Ein Ehemann streitet sich mit seiner Frau, weil diese eine Stelle annehmen will.

Mann: Immer muss alles nach deinem Kopf gehen. Ich bin dir wohl gleichgültig.

Frau: Du hast recht. Manchmal habe ich wirklich einen Dickkopf.

Mann: Das kannst du doch gar nicht alles bewältigen, die Kinder, den Haushalt und jetzt auch noch arbeiten gehen.

Frau: Du magst recht haben, dass es ein bisschen viel wird.

Mann: Du machst dir wohl überhaupt keine Gedanken, wie es mir geht. Ich bin dir wohl völlig egal.

Frau: Das ist gut möglich, dass ich nicht immer bei allem, was ich tue, an dich denke.

Mann: Du kannst von Glück sagen, dass ich ein so friedfertiger Mensch bin. Andere Männer würden sich das nicht gefallen lassen.

Frau: Das ist gut möglich.

Mann: Wenn ich mir andere Frauen so anschaue, dann haben die nicht solche Flausen im Kopf.

Frau: Da magst du recht haben. Nicht alle wollen ihr eigenes Geld verdienen.

Der Ehemann versucht mit allen Tricks, seine Frau von ihrem Entschluss, arbeiten zu gehen, abzubringen. Er appelliert an ihre Verantwortung gegenüber den Kindern (die könnten zu kurz kommen), er vergleicht sie mit anderen Frauen, um ihr das Gefühl zu geben, etwas könne nicht mit ihr stimmen, er versucht ihr Schuldgefühle zu machen, indem er ihr vorwirft, sie sei egoistisch, und er versucht es mit einer sanften Drohung, indem er auf andere Männer verweist, die sich so etwas nicht gefallen lassen würden.

Indem seine Frau ihm keine Gegenrede leistet und ihm teilweise beipflichtet, nimmt sie ihm den Wind aus den Segeln. Sie bietet ihm keine weitere Angriffsfläche in Form von Argumenten oder Rechtfertigungen, die er wieder auseinandernehmen könnte. Auf diese Weise geht ihm sein Pulver aus, und er muss erkennen, dass er mit seiner Kritik nicht weiterkommt.

Damit ist der Konflikt natürlich nicht aus der Welt geschafft. Durch ihr Verhalten hat sie ihm lediglich zu verstehen gegeben, dass sie mit ihm auf dieser Ebene der unsachlichen Argumente nicht diskutiert und sich nicht manipulieren lässt.

Mit Hilfe dieser Methode können Konflikte zwischen Menschen nicht gelöst werden! Man kann damit nur erreichen, eine bessere Gesprächsbasis zu finden, eine partnerschaftliche Basis, auf der man sich gegenseitig respektiert.

Um die Nebelbank-Methode anwenden zu können, bedarf es einer wichtigen Voraussetzung: Du darfst dich selbst für deine Fehler und Schwächen nicht verurteilen, d.h. du musst dir selbst zugestehen können, dass du auch nur ein Mensch bist, der ein Recht darauf hat, fehlerhaft zu sein.

TIPP 2. Verzichte darauf, dich zu verteidigen.

Zumindest in dem Augenblick, in dem die kritisierende Person dir gegenüber eine unsachliche Kritik äußert, macht es wenig Sinn, dagegen zu argumentieren.

Der andere ist dann gewöhnlich nicht in der Verfassung, deine »wenngleich vielleicht auch richtigen« Argumente annehmen zu können.

Du vergeudest Energie, steigerst dich hinein und erreichst dein Ziel doch nicht.

Falls die andere Person vorhatte, dich aus der Fassung zu bringen und zu provozieren, klopft sie sich nun auf die Schulter.

TIPP 3. Nutz Humor.

Wähl dir z.B. eine Komikfigur oder eine Tierart, die am besten auf die kritisierende Person passt. Stell dir im Stillen lebendig vor, wie die Kritik mit der typischen Stimme und dem Tonfall aus dem Mund der Komikfigur oder des Tieres kommt.

Je besser dir die Vorstellung gelingt, umso weniger ernst wirst du die Kritik nehmen. Wiederhol die Strategie, wann immer du an die Kritik denkst.

Wie mit berechtigter Kritik umgehen?

Wenn uns jemand berechtigterweise kritisiert, dann gehen wir am besten so vor:

Wir hören zu - ohne den anderen zu unterbrechen oder uns zu entschuldigen.

Wir stimmen dem anderen zu - da wo er recht hat.

Schauen wir uns ein Beispiel an:

Florian ist Sachbearbeiter in einer Versicherung. Er ist in letzter Zeit ein paar Male zu spät gekommen und war, bedingt durch familiäre Probleme, bei seiner Arbeit öfter unkonzentriert, sodass ihm Fehler unterlaufen sind, bzw. er seiner Arbeit nicht mehr ganz nachkam. Sein Chef spricht ihn darauf an.

Chef: Was ist los mit Ihnen? Sie sind in letzter Zeit ein paar Male zu spät gekommen.

Florian: Sie haben recht. Ich war ein paar Male unpünktlich. Ich werde mich bemühen, dass es nicht wieder vorkommt.

Chef: Irgendwie scheinen Sie mit Ihren Gedanken woanders zu sein. Was ist los mit Ihnen? Sie sind doch sonst so genau.

Florian: Das ist mir auch aufgefallen. In letzter Zeit lasse ich mich leicht ablenken und kann mich nicht so gut konzentrieren.

Chef: Sagen Sie mal: Was haben Sie sich eigentlich dabei gedacht, den Fall Maier so lange liegen zu lassen? Und überhaupt, die Entscheidung, die Sie in diesem Fall getroffen haben, ist ja auch nicht im Sinne unserer Gesellschaft.

Florian: Sie haben recht. In letzter Zeit wächst mir meine Arbeit etwas über den Kopf. Vielleicht hätte ich im Fall Maier wirklich anders entscheiden sollen.

Chef: Ich hoffe, dass das nicht noch öfters passiert und Sie in Zukunft etwas mehr die Interessen unserer Gesellschaft berücksichtigen.

Florian: Das hoffe ich auch. Ich werde mir Mühe geben.

Beachte bei diesem Gesprächsausschnitt: Es handelte sich bei der Kritik des Chefs um berechtigte Kritik. Florian wusste das. Natürlich hätte Florian dem Chef seine familiären Probleme erklären können, in der Hoffnung, der Chef hätte dann Verständnis für seine Probleme am Arbeitsplatz.

Es ist jedoch ein Zeichen größerer Selbstsicherheit, wenn man keine Entschuldigungen gebraucht und offen und ehrlich zugibt, dass man Mist gebaut hat.

Auch ist es zweifelhaft, ob es den Chef interessiert, welche Probleme sein Mitarbeiter hat. Der Chef ist möglicherweise nur daran interessiert, dass seine Mitarbeiter gute Arbeit leisten. In diesem Fall wäre es für Florian nachteilig, wenn er sein schlechtes Arbeitsverhalten durch familiäre Probleme entschuldigen würde. Sein Chef könnte das als Versuch ansehen, sich vor der Verantwortung für seine schlechte Leistung zu drücken.

Möglicherweise ist dir die Frage in den Sinn gekommen, ob es klug ist, dem anderen recht zu geben, oder ob man damit dem anderen nicht erst recht Tür und Tor öffnet, einen noch mehr zu kritisieren.

Meine Erfahrung ist gegenteilig. Die meisten Menschen betrachten es als ein Zeichen großer Selbstsicherheit, wenn man zu seinen Fehlern steht. Das nötigt ihnen Respekt ab, weil sie sehr viel häufiger erleben, dass ihre Kritik mit Gegenkritik beantwortet wird, oder der Kritisierte versucht, die Verantwortung für sein Handeln auf andere abzuwälzen. Abgesehen davon merken andere an den selbstsicheren Reaktionen, dass man durch Kritik nicht einzuschüchtern oder zu manipulieren ist, und das verdirbt ihnen den Spaß daran.

Vielleicht hat Florians Zustimmung in deinen Augen auch etwas von Unterwürfigkeit an sich, und du empfindest seine Reaktion wie die eines kleinen Schuljungen, der brav sagt: »Jawohl, Herr Lehrer.« Mag sein, dass du recht hast.

Möglicherweise liegt das aber auch daran, dass du gelernt hast, nachzugeben oder einem anderen recht zu geben sei ein Zeichen von Schwäche. Ich dagegen betrachte das Eingeständnis von Fehlern, die man tatsächlich gemacht hat, als ein Zeichen von Stärke. Aber ehe wir lange theoretisieren: Warum probierst du es nicht einmal mal aus und schaust, was dabei herauskommt?

Allgemeine Strategien, mit Kritik umzugehen

1. Es gibt Berufskritiker und Nörgler, Menschen, die ständig an allem und jedem etwas auszusetzen und zu kritisieren haben. Und es gibt Menschen, die ohne zu überlegen, drauf losplappern.

Nimm dir deren Bemerkungen nicht zu Herzen. Diese Menschen sind einfach schlecht drauf und können/wollen nichts anderes.

2. Wenn wir kritisiert werden, dann ist es wichtig, uns vor Augen zu halten, dass die Kritik die Meinung (und keine Tatsache) des Kritikers ist.

Mach dir also klar: »Das ist seine Sicht. Man kann es auch anders sehen.«

Jedes Ding hat mindestens 2 Seiten. Welche ist die richtige? Gibt es überhaupt eine richtige Seite? Der andere hat das Recht auf seine Sicht, du auch.

3. Wir können Kritik an uns und unserem Verhalten auch als Ausdruck von Liebe und Anteilnahme ansehen. Wir sind dem anderen nicht gleichgültig. Wir sind ihm wichtig, und deshalb macht er uns auf etwas aufmerksam, das in seinen Augen negativ oder störend an unserem Verhalten ist.

Ob wir seine Sicht teilen, bleibt uns überlassen. Aber zumindest einen Blick sollten wir darauf werfen.

Wenn dich jemand kritisiert, dann fass seine Kritik als Kompliment auf. Wärst du ihm egal, dann wärst du es ihm nicht wert, kritisiert zu werden.

So gesehen können wir Kritik willkommen heißen, da wir dadurch die Chance haben, uns zum Besseren zu verändern.

Ja, wir könnten Menschen, die kritisieren, auch als Trainingspartner ansehen, als Menschen, die uns die Chance geben, mit Kritik umgehen zu lernen.

4 Tipps, wie du vermeidest, etwas persönlich zu nehmen

TIPP 1. Klär die Situation.

Hast du die Äußerung des anderen in den falschen Hals bekommen? Hast du in den Worten des anderen etwas herausgehört, was dieser nicht meinte?

Die Chancen, dass dem so ist, sind groß. Wir alle interpretieren nämlich die Worte anderer aufgrund unserer seelischen Verfassung, unserer Werte und Erfahrungen.

Deshalb: Wenn möglich, stell dem »Angreifer« klärende Fragen. »Habe ich Sie richtig verstanden, dass ...?« »Was meinen Sie damit?«

Teil ihm mit, wie du dich fühlst. Möglicherweise ist dem anderen nicht bewusst, dass seine Worte als Kritik rüberkamen.

TIPP 2. Frag dich, ob das Gesagte etwas mit dir zu tun hat.

Wie verhältst du dich, wenn du gerade Streit mit deinem Partner hattest, wenn du Stress am Arbeitsplatz hattest, wenn dir eine Laus über die Leber gelaufen ist?

Die Chancen stehen gut, dass du unbewusst deine miese Stimmung an anderen auslässt.

Du reagierst gereizter als sonst, es stört dich die Fliege an der Wand.

Könnte es nicht sein, dass der »Angreifer« im Moment - oder schon seit längerer Zeit - auch in einer schlechten seelischen Verfassung oder Krise ist?

Und ist es dann nicht sehr wahrscheinlich, dass seine Kritik oder Äußerung gar nichts mit deiner Person zu tun hat?

Denk an diese Möglichkeit in dem Moment, wo du dich persönlich kritisiert fühlst.

TIPP 3. Frag dich, ob an den Worten des anderen etwas Wahres sein könnte.

Das erfordert etwas Mut und die Bereitschaft, sich Fehler und Schwächen einzugestehen.

Wenn du dich jedoch mit dem Gesagten auseinandersetzt, kann das für dich eine Bereicherung sein.

Wenn an den Worten des anderen nichts dran ist, dann halte dich an die Worte von Ajahn Brahm, einem buddhistischen Mönch.

Wenn dich ein anderer ein blöder Hund schimpft, dann schau nach hinten, ob du einen Schwanz hast. Wenn Nein, dann bist du kein Hund.

Schau dich also an und frag dich: »Bin ich das wirklich? Bin ich so?«

Wenn Nein, dann lass die Kritik als Meinung des anderen stehen, die dich nicht betrifft.

TIPP 4. Stärke dein Selbstwertgefühl.

Das ist der wohl wichtigste Tipp, um sich langfristig durch die Worte anderer nicht mehr angegriffen zu fühlen.

Je besser dein Selbstwertgefühl, umso weniger gehen dir die negativen Worte anderer unter die Haut!

Jetzt heißt es üben.

1. Denk an eine Situation, in der du berechtigt kritisiert wurdest.

Überleg dir, welche der Strategien in diesem Kapitel dir geholfen hätten, anders mit der Situation umzugehen.

Notier dir, wie du das nächste Mal, wenn dir so etwas widerfährt, reagieren möchtest.

....

....

2. Denk an eine Situation, in der du unsachlich kritisiert wurdest.

Überleg dir, welche der Strategien in diesem Kapitel dir geholfen hätten, anders mit der Situation umzugehen.

Notier dir, wie du das nächste Mal reagieren möchtest.

....

....

Zu guter Letzt etwas zum Nachdenken

Hast du Angst, dass dich ein 5-jähriges Kind kritisieren könnte? Wohl kaum. Warum nicht?

Du fühlst dich dem 5-jährigen Kind gegenüber in einer Position der Stärke.

Du denkst, es kann dir nichts anhaben. Wenn es dich kritisieren und ablehnen sollte, dann wäre das für dich nicht tragisch. Es ist ja nur ein Kind.

Deshalb geht von einem kleinen Kind auch keine Bedrohung aus und du hast keine Angst, dass es dich kritisieren könnte. Das bedeutet:

> Wenn du Angst vor Kritik hast,
> dann gibst du dem anderen Macht.

Du hältst ihn für stärker und glaubst, er sei dir überlegen. Deshalb sagte Mahatma Gandhi wohl auch:

> *Niemand kann mich*
> *ohne meine Erlaubnis verletzen.*

Was möchtest du dir merken?

....

....

11
Wünsche äußern, berechtigte Forderungen stellen

Wer, wenn nicht du,
kann dein Leben besser machen?

Stell dir vor, du könntest mühelos und ohne lange zu überlegen, andere um einen Gefallen bitten und dich beschweren, wenn andere dich übervorteilen wollen.

Hättest du gerne diese Fähigkeit? In diesem Kapitel findest du Tipps, die es dir erleichtern, nach Hilfe zu fragen und Wünsche zu äußern.

Im Alltag gibt es eine Menge Situationen, in denen es wichtig ist, dass wir in der Lage sind, Wünsche zu äußern und Forderungen zu stellen. Tun wir das nicht bzw. sind wir hierzu nicht in der Lage, dann ziehen wir leicht den Kürzeren und haben das Nachsehen.

Es gibt eine sehr einfache und leicht zu erlernende Gesprächstechnik, <Die Schallplatte-mit-Sprung-Methode>, die dir gute Dienste leisten kann, wenn du gegenüber anderen berechtigte Bedürfnisse und Wünsche durchsetzen möchtest, die diese dir streitig machen wollen.

Diese Technik ist äußerst nützlich, um sich auch dort durchzusetzen, wo man befürchtet, anderen unterlegen zu sein, weil diese besser argumentieren können.

Die Schallplatte-mit-Sprung-Methode

Warum meinst du, sind die anderen meist Sieger in Gesprächen, in denen du berechtigte Wünsche und Forderungen vorbringst? Warum kommst du in der Autowerkstatt nicht zu deinem Recht? Warum gelingt es dir nicht, ein Kleid umzutauschen, das, wie du zu Hause feststellst, einen Flecken hat? Abgesehen von unsicheren Gedanken, mit denen du dich in Angst versetzt, von deinem Recht Gebrauch zu machen, gibt es noch einen weiteren Grund: Du gibst zu früh auf. Wenn dir der andere nicht beim ersten Anlauf deinen Wunsch erfüllt, dann resignierst du und sagst dir vielleicht: »Was soll´s. Kann man nichts machen. Ich komm gegen ihn nicht an.« Du bist dann zwar verärgert, aber hältst den anderen für stärker, bzw. kannst dich nicht so recht gegen seine Argumente wehren, und verlässt das Feld als Verlierer.

Wenn du zu deinem Recht kommen möchtest, dann musst du hartnäckig und beharrlich bleiben. Wenn dein Gegenüber dreimal »Nein« gesagt hat, dann musst du eins draufsetzen und zum 4. Mal sagen: »Ich will mein Recht.« Und sagt der andere zum 10. Mal »Nein«, dann musst du eben zum 11. Mal sagen: »Ich will mein Recht.«

Dieses Spiel - und es kann durchaus ein Spiel werden, bei dem dich plötzlich der sportliche Ehrgeiz packt, wer von euch beiden der Stärkere ist - musst du solange fortführen, bis sich der andere geschlagen gibt oder ihr beide einen Kompromiss ausgehandelt habt, der für dich akzeptabel ist.

Verkäufer werden in speziellen Verkaufsschulungen darauf getrimmt, im Interesse der Firma zu handeln, sprich, möglichst viel zu verkaufen. Im Interesse der Firma ist es natürlich auch, dass die Kosten gering gehalten werden. Also lautet die Parole, die an die Angestellten ausgegeben wird: Nicht nachgeben. Forderungen erst einmal abwimmeln. Jeder versucht eben möglichst viel für sich herauszuholen.

Deshalb ist es enorm wichtig, stur sein zu können und keinen Millimeter von seinen Forderungen abzuweichen.

Hierbei kann dir die Schallplatte-mit-Sprung-Methode wertvolle Dienste leisten. Sie ist simpel, aber äußert wirkungsvoll. Sie besteht darin, dass du stur und unabhängig von den Argumenten des Verkäufers deinen Wunsch auf Umtausch wiederholst. Du gehst also nicht auf die Argumente des Verkäufers ein, sondern sagst immer wieder, - mit einigen Variationen - was du möchtest.

Wenn du dich auf eine Diskussion einlässt, wenn du versuchst, die Argumente des Verkäufers zu entkräften, wenn du versuchst, deinen Wunsch zu rechtfertigen, dann hat der andere möglicherweise leichtes Spiel mit dir, wenn er rhetorisch gewandter ist.

Außerdem musst du bedenken, dass du nicht der erste Kunde bist, der reklamiert. Der Verkäufer hat also schon einige Erfahrung im Abwimmeln von Reklamationen. Er ist darin geübt und hat entsprechende Argumente auf Lager, um dich einzuschüchtern und zum Aufgeben zu bewegen. Deshalb bringt es oft nichts, sich auf eine Diskussion einzulassen. Das Beste ist dann, wie eine Schallplatte zu sprechen, die einen Sprung hat.

Schauen wir uns ein Beispiel an, wie das aussehen könnte.

Peter hat sich ein Paar Schuhe gekauft. Nach einmaligem Tragen löst sich die Sohle ab. Er geht in das Geschäft, um die Schuhe gegen ein Paar neue umzutauschen bzw. um sein Geld erstattet zu bekommen.

Peter: Guten Tag. Ich habe bei Ihnen letzte Woche dieses Paar Schuhe gekauft. Bereits nach einmaligem Tragen löst sich die Sohle ab. Ich möchte die Schuhe gegen ein Paar neue umtauschen oder mein Geld zurück.

Verkäuferin: Sie sind der Erste, dem so etwas passiert. Bei dieser Marke haben wir noch nie Reklamationen bekommen. Was haben Sie denn damit gemacht? (Mit dieser Bemerkung will die Angestellte Peter manipulieren. Sie will andeuten, dass es wohl seine Schuld sein muss, wenn sich die Sohle ablöst. Peter geht auf diese Frage nicht ein, da sie eine böswillige Unterstellung beinhaltet.)

Peter: Nun, dann bin ich der Erste, dem so etwas passiert. Trotzdem möchte ich die Schuhe umtauschen oder mein Geld zurück.

Verkäuferin: Das können wir nicht. Wir müssen die Schuhe erst an den Hersteller einsenden.

Peter: Der Hersteller interessiert mich nicht. Ich habe diese Schuhe bei Ihnen gekauft, und ich möchte sie bei Ihnen umtauschen oder mein Geld von Ihnen zurück.

Verkäuferin: Das ist bei uns nicht üblich. Wir können Ihnen gerne die Sohle wieder ankleben, aber ein Umtausch kommt nicht infrage.

Peter: Ich bin nur daran interessiert, die Schuhe gegen ein Paar neue umzutauschen oder mein Geld zurückzubekommen.

Verkäuferin: Das kann ich nicht entscheiden. Das kann nur der Chef.

Peter: Dann rufen Sie bitte den Chef.

Der Chef wird vielleicht zunächst wie die Verkäuferin reagieren. Er wird versuchen, sich im Interesse seines Geschäfts durchzusetzen. In diesem Fall kann Peter mit dem Chef genauso verfahren wie mit der Verkäuferin und zwar so lange, bis er bekommt, was er möchte.

Möglicherweise aber lenkt der Chef auch sofort ein und gibt nach. Verkäuferinnen handeln nämlich nicht immer im Sinne des Geschäftsinhabers. Sie halten sich starr an Regeln ohne das nötige Augenmaß für Ausnahmefälle oder haben einfach nur einen schlechten Tag und lassen ihre schlechte Laune an den Kunden aus.

Hast du bemerkt, mit welchen Äußerungen die Verkäuferin Peter manipulieren wollte? Da war zunächst einmal die Frage, was er mit den Schuhen gemacht hat. Was wohl? Gelaufen ist er damit. Oder sind die Schuhe nur zum Anschauen?

Die zweite manipulative Äußerung war der Hinweis, dass er der Erste ist, der reklamiert. Auch damit will die Verkäuferin Peter ein schlechtes Gewissen machen, so nach dem Motto: Also mit ihnen kann ja etwas nicht stimmen.

Diese Bemerkung höre ich oft in Restaurants. »Sie sind der Erste, dem es nicht schmeckt. Wir haben das Gericht heute schon zigmal verkauft.«

Ich empfinde solch eine Bemerkung als Frechheit. Bin ich die anderen? Wenn die anderen zu schüchtern sind, um sich zu beschweren, oder meinen, das Essen sei in Ordnung, dann ist das deren Sache. Ich bin nicht zufrieden und erwarte, dass man meine Kritik ernst nimmt und mich nicht als einen Exzentriker hinstellt.

Lass dir ein solches Verhalten auch nicht gefallen.

Die nächste manipulative Bemerkung der Verkäuferin war der Hinweis, dass es in diesem Geschäft nicht üblich sei, umzutauschen. Was interessiert mich, was in diesem Geschäft üblich ist und was nicht.

Entscheidend ist nur, welche Rechte ich als Verbraucher habe, und nicht, was ein Inhaber an Entscheidungen darüber trifft, was in seinem Geschäft üblich ist und was nicht.

Schließlich versuchte die Verkäuferin, Peter durch den Hinweis zu manipulieren, dass die Schuhe an den Hersteller eingeschickt werden müssten. Das hat Peter als Kunden jedoch nicht zu interessieren. Peter hat die Schuhe in diesem Geschäft gekauft, und damit muss auch das Geschäft die Wiedergutmachung leisten. Der Verweis auf den Hersteller ist nur ein Versuch, Peter hinzuhalten bzw. die Verantwortung abzuschieben.

In größeren Geschäften ist es meist ratsam, gleich den Abteilungsleiter oder Chef rufen zu lassen, ehe man lange mit einem Verkäufer herumredet, der dann schließlich sagt, das könne er nicht entscheiden.

Ein häufiger Einwand meiner Patienten: Ist solch eine Gesprächstaktik nicht eine Waffe, mit der man andere manipulieren kann, und ist sie deshalb nicht asozial und gefährlich?

Ich möchte dir eine Gegenfrage stellen: Ist ein Küchenmesser etwas Asoziales oder ein Auto oder Strom? Du verstehst nicht, was das mit deiner Frage zu tun hat?

Nun, sehr einfach. Ich kann ein Küchenmesser dazu benutzen, um Gemüse zu putzen oder einen Menschen zu töten.

Ein Auto kann Menschen von A nach B transportieren, es kann aber auch Menschen töten.

Strom kann Leben retten, etwa bei Operationen, er kann aber auch Menschen töten.

Ich will damit sagen, dass selbstsichere Gesprächstechniken zunächst weder gut noch schlecht, weder sozial noch asozial sind. Es hängt immer davon ab, wie man sie anwendet, und wie verantwortungsbewusst man mit ihnen umgeht. Selbstsichere Techniken sollen nicht dazu dienen, andere zu manipulieren, sondern sollen uns lediglich helfen, zu unserem Recht zu kommen, das andere uns streitig machen wollen.

Schauen wir uns weitere Situationen aus dem Alltag an, in denen es wichtig sein kann, unsere Wünsche zu äußern, wenn wir nicht übers Ohr gehauen werden wollen.

Wünsche äußern bei Menschen, die dir nahestehen (Partner, Freunde, Nachbarn)

In diesem Bereich tun sich viele Menschen besonders schwer, selbstsicher aufzutreten, während es aber auch Menschen gibt, die gerade in diesem Bereich die wenigsten Probleme mit einem mangelnden Durchsetzungsvermögen haben.

Menschen, die sich beim Partner oder gegenüber Freunden nicht durchsetzen können, haben Angst, es sich mit diesen für sie wichtigen Personen zu verscherzen. Sie haben die Einstellung: »Ich darf nichts tun, was dazu führen kann, dass mein Partner/Freund mich nicht mehr mag. Ich kann ohne diesen Menschen nicht leben. Ich brauche ihn.« Sie befinden sich in einer starken emotionalen Abhängigkeit von diesem Menschen, die es ihnen schwer macht, das Risiko einzugehen, dass der Partner/Freund verärgert ist.

Diese starke Abhängigkeit von anderen Menschen entsteht, wenn man sich durch den anderen definiert. Eine Patientin von mir drückte es einmal so aus: »Ich bin nur wer durch den anderen«. Wenn man so denkt, hält man sich für unbedeutend und wertlos. Das Leben bekommt erst einen Sinn durch den anderen.

Wenn du dich von dieser starken Abhängigkeit und der daraus sich ergebenden Manipulierbarkeit lösen möchtest, dann musst du deine Selbstachtung stärken. Du musst also bei dir beginnen.

Situation: Eine Freundin hat sich von dir vor einiger Zeit einen größeren Geldbetrag ausgeliehen. Sie hat versprochen, dir das Geld in 14 Tagen zurückzugeben. Das ist nicht geschehen. Du ärgerst dich, dass sie dir nicht von sich aus das Geld zurückgibt, getraust dich jedoch nicht, sie darauf anzusprechen.

Dein Ziel: Du willst ihr sagen, dass du das Geld zurückhaben willst.

Unsichere Gedanken: »Was wird sie von mir denken? Bestimmt hält sie mich für kleinlich und geizig. Vielleicht will sie auch nichts mehr mit mir zu tun haben, wenn ich das Geld zurückverlange. Das wäre schlimm für mich. Sie ist doch die einzige gute Freundin, die ich habe. Wenn ich sie verliere, würde ich mir das nie verzeihen. Ich sollte nicht so fordernd sein. Ich sollte mich nicht so schwertun, mein Geld zu verlangen.«

Mit diesen Gedanken machst du es dir unnötig schwer, dein Geld zurückzufordern. Du findest es selbst kleinlich, das Geld zu verlangen, und verurteilst dich für deinen Wunsch, das Geld zurückhaben zu wollen. Deshalb befürchtest du, deine Freundin könnte genauso denken. Gleichzeitig verurteilst du dich dafür, dass du Hemmungen hast, das Geld zu verlangen. Dadurch schwächst du dein Selbstvertrauen noch mehr.

Selbstsichere Gedanken: »Ich habe ein Recht darauf, mein Geld zurückzuverlangen. Deshalb bin ich noch lange nicht kleinlich. Wäre ich das, hätte ich ihr das Geld erst gar nicht geliehen. Wenn sie kein Verständnis dafür haben und mir tatsächlich Vorwürfe machen sollte, dann kann ich damit leben. Ich muss mich dann aber auch fragen, ob sie tatsächlich eine Freundin ist oder mich nur ausnutzt.«

Wie du vorgehst: Du rufst die Freundin an oder triffst dich mit ihr und sagst:

Du: Als ich dir kürzlich das Geld geliehen habe, hast du versprochen, es mir in 14 Tagen zurückzugeben. Jetzt sind 6 Wochen rum und ich habe das Geld immer noch nicht. Ich möchte, dass du mir das Geld spätestens in 10 Tagen zurückgibst.

Freundin: Ich weiß, aber es ist mir etwas dazwischen gekommen. Da du nichts gesagt hast, habe ich angenommen, dass du das Geld nicht so dringend brauchst.

Du: Ich brauche das Geld auch nicht. Ich möchte einfach, dass du mir das Geld zurückgibst.

Freundin: Aber wenn du es nicht brauchst, dann kannst du doch noch etwas warten. Ich musste mir eine neue Waschmaschine kaufen. Die hatte ich nicht eingeplant.

Du: Das verstehe ich, aber ich möchte trotzdem mein Geld zurück.

Freundin: Du bekommst dein Geld schon noch. Du brauchst keine Angst haben. Du bist doch meine beste Freundin. Du wirst mich doch jetzt nicht im Stich lassen? Ich konnte das mit der Waschmaschine doch nicht wissen.

Du: Ich versteh dich, aber trotzdem möchte ich mein Geld zurück.

Freundin: Du sagst, dass du mich verstehst, und trotzdem willst du das Geld zurück. Das verstehe ich nicht. Du warst doch früher auch nicht so pingelig. Das habe ich an dir immer so geschätzt, und jetzt stelle ich fest, dass du wie all die anderen bist.

Jetzt fährt die Freundin schwere Geschütze auf. Sie will dir Schuldgefühle machen. Sie sagt aber auch etwas Wichtiges über sich aus. Offensichtlich haben sich andere nicht von ihr ausnutzen lassen. Wie sonst könnte sie dir vorwerfen, du seist wie die anderen?

Du: Du hast recht. Ich war früher nachgiebiger und habe mich darüber immer geärgert, weil ich oft das Gefühl hatte, ausgenutzt zu werden. Deshalb habe ich beschlossen, weniger nachgiebig zu sein. Deshalb möchte ich mein Geld zurück.

Freundin: Ich versteh dich zwar nicht, aber wenn du darauf bestehst, dann kriegst du das Geld halt. Dann muss ich eben meine eiserne Reserve anzapfen.

Dieses Gespräch könnte natürlich auch einen anderen Ausgang nehmen. Deine Freundin könnte sich tausendmal entschuldigen und dir das Geld sofort zurückgeben. Sie könnte aber auch stinksauer werden, das Geld auf den Tisch knallen und gehen. Ist das dann das Ende der Freundschaft?

Nicht unbedingt. Das hängt auch von dir ab. Wenn dir die Freundschaft wichtig ist, dann kannst du von dir aus mit der Freundin wieder Kontakt aufnehmen. Wenn sie dir dann sagt, dass sie mit dir nichts mehr zu tun haben will, dann ist das sehr schade. Aber du hast dann nicht ein Freundin verloren, sondern nur eine Ausbeuterin.

In aller Regel ist es jedoch so, dass der andere sich für sein Verhalten entschuldigt. Er weiß genau, dass er im Unrecht ist, und hat wahrscheinlich sein wütendes Auftreten schon selbst bereut, hat sich aber nicht getraut, den ersten Schritt zu tun.

Was du beachten solltest:

1. Bleib bei der Wahrheit, nämlich dass du das Geld nicht brauchst. Wenn du das Geld tatsächlich nicht benötigst, dann solltest du dein Verhalten auch nicht damit entschuldigen oder versuchen, damit gut Wetter zu machen. Solche Ausflüchte hast du nicht nötig.

2. Einem manipulativen Angriff wie »Du warst doch früher auch nicht so pingelig.« begegnet man am besten mit der Nebelbank-Methode aus Kapitel 10 (»Mag sein, manchmal bin ich eben pingelig.«) und benutzt dann die Schallplatte-mit-Sprung-Methode (»Trotzdem möchte ich mein Geld zurück.«). Reagier nicht mit Gegenvorwürfen wie: »Du hast es gerade nötig, mir Vorwürfe zu machen.«

3. Wenn du aus (falsch verstandener?) Rücksicht nicht auf die Rückgabe des Geldes bestehst, dann wird deine Nachgiebigkeit ausgenutzt, nach dem Motto: Mit der kann man es machen. Du ärgerst dich dann, dass du so »blöd« bist, nicht durchzugreifen, und nimmst es der Freundin übel, dass sie deine Unsicherheit ausnützt.

Das belastet die Freundschaft erst recht, und es ist nur eine Frage der Zeit, bis du den Kontakt zur Freundin von dir aus abbrichst. Du handelst also im Interesse der Freundschaft, wenn du darauf achtest, dass es dir gutgeht.

Selbstsicher beim Einkaufen auftreten

Situation: Du gehst in ein Koffergeschäft, um dich nach einem Koffer umzuschauen. Du lässt dir einige Koffer zeigen, ein Koffer gefällt dir ganz gut, du möchtest dich jedoch noch in anderen Geschäften umschauen.

Dein Ziel: Du willst wieder gehen, ohne etwas zu kaufen.

Unsichere Gedanken: »Die Verkäuferin hat sich so viel Mühe gegeben. Jetzt kann ich doch nicht einfach gehen, ohne etwas zu kaufen. Wie sieht das denn aus? Ich habe der Verkäuferin so viel Umstände gemacht, dass sie bestimmt verärgert ist, wenn ich jetzt nichts kaufe.«

Selbstsichere Gedanken: »Ich habe das Recht, mich über das Angebot zu informieren. Verkäufer sind dazu da, mir die Ware zu zeigen. Ich bin nicht verpflichtet, etwas zu kaufen. Wenn die Verkäuferin verärgert ist, dann hat sie wohl eine falsche Auffassung von ihrer Arbeit, oder sie hat einen schlechten Tag.«

Wie du vorgehst: Sag freundlich: »Haben Sie vielen Dank für Ihre Mühe. Ich möchte mich jedoch noch woanders umschauen, ehe ich mich entscheide. Auf Wiedersehen.«

Was du beachten solltest:

1. Verkneif es dir, zu sagen: »Ich überleg´s mir noch mal.« oder »Ich komme später noch mal vorbei.«

Unterlass also Bemerkungen, die nur dazu dienen, die möglicherweise enttäuschte Verkäuferin zu beschwichtigen.

Die Verkäuferin ist dazu da, dir die Ware zu zeigen, und es ist dein Recht, dir die Ware zeigen zu lassen und ohne Angabe von Gründen nichts zu kaufen.

2. Ich habe die Erfahrung gemacht, dass die meisten Verkäufer ziemlich gelassen reagieren, wenn man das Geschäft wieder verlässt, ohne etwas zu kaufen.

3. Ziel dieser Übung ist, dass du dein Recht als Verbraucher

wahrnimmst, sich die Waren eines Geschäftes zeigen zu lassen, ohne danach die Verpflichtung zu verspüren, sie kaufen zu müssen.

Situation: Du gehst in ein Geschäft, um dich umzuschauen.

Dein Ziel: Du willst dich ungestört umsehen und selbst Kleider anprobieren, ohne dass dir ein Verkäufer im Nacken sitzt, der dir sagt, was dir steht.

Unsichere Gedanken: »Das ist unhöflich, wenn ich ihn wegschicke. Er ist doch extra dafür da, mich zu bedienen.«

Selbstsichere Gedanken: »Ich habe das Recht, mich ungestört umzuschauen und ohne Beratung Kleider anzuprobieren. Das ist weder unhöflich noch ungewöhnlich.«

Wie du vorgehst: Der Verkäufer kommt und frägt: »Kann ich Ihnen helfen?« Du antwortest freundlich auf die Frage des Verkäufers mit: »Ich möchte mich umschauen. Wenn ich Sie brauche, rufe ich Sie.«

Situation: Du gehst in ein Bekleidungsgeschäft und lässt dir Kleider zeigen. Der Verkäufer versucht dich mit Bemerkungen wie »Das steht Ihnen ausgezeichnet; das ist jetzt große Mode; daran werden Sie sich schnell gewöhnen; das trägt man jetzt so.«, zum Kauf zu überreden. Du fühlst dich bedrängt und belästigt.

Dein Ziel: Du willst, dass der Verkäufer mit seinen Kommentaren aufhört und du dich ungestört umschauen kannst.

Unsichere Gedanken: »Ich kann ihm doch nicht den Mund verbieten. Das wäre sehr unhöflich. Bestimmt ist er dann eingeschnappt.«

Selbstsichere Gedanken: »Ich entscheide, was mir steht und was nicht. Der Verkäufer will mit seinen Bemerkungen nur erreichen, dass ich etwas kaufe. Ihm ist es wahrscheinlich völlig egal, wie ich rumlaufe. Hauptsache, ich gehe hier raus und habe was gekauft. Mag sein, dass er eingeschnappt ist, wenn ich ihm sage, dass ich seine Kommentare nicht hören will, aber das ist sein Problem. Ich bin nicht hier, um mich belehren zu lassen, was mit steht. Das kann ich selbst entscheiden.«

Wie du vorgehst: Sag dem Verkäufer freundlich und bestimmt: »Lassen Sie mich bitte selbst entscheiden, was mir steht.« Fährt der Verkäufer fort, dich zu belehren, dann sag in einem ärgerlichen Ton: »Ich habe das Gefühl, Sie wollen mir etwas aufschwatzen. Entweder Sie hören damit auf, oder ich verlasse das Geschäft.«

Was du beachten solltest: Verkäufer leben davon, anderen etwas zu verkaufen. Manche bekommen einen gewissen Prozentsatz vom Umsatz, den sie machen. Es geht nicht darum, dem Verkäufer seine Lebensgrundlage oder Existenzberechtigung zu entziehen.

Es geht nur darum, dass du von deinem Recht Gebrauch machst, ungestört und selbst zu entscheiden, was du kaufen möchtest und was nicht.

Sich gegen Überstunden wehren

Situation: Dein Chef hat dir in letzter Zeit sehr häufig kurz vor Arbeitsschluss noch »wichtige« Korrespondenz auf den Tisch gelegt, die unbedingt an diesem Tag noch erledigt werden muss. Dadurch kommst du immer später aus dem Büro. Dein Privatleben leidet darunter.

Dein Ziel: Du willst das nicht mehr mitmachen und ihm sagen, dass du zukünftig wirklich nur noch in Notfällen Überstunden machen wirst.

Unsichere Gedanken: »Er wird bestimmt kein Verständnis dafür haben. Bestimmt wird er sauer und zahlt es mir bei anderer Gelegenheit heim. Er wird denken, ich bin arbeitsscheu, und mich bei nächster Gelegenheit entlassen.«

Selbstsichere Gedanken: »Es wird ihm bestimmt nicht gefallen, wenn ich nur noch in Ausnahmefällen länger dableibe. Aber mein Privatleben ist auch wichtig. Wenn er regelmäßig länger arbeitet, ist das seine Sache. Deshalb muss ich nicht dafür büßen. Er sagt immer wieder, wie froh er ist, dass er mich hat. Also wird er mir schon nicht den Kopf abreißen. Wenn er aufgebracht ist, dann lasse ich mich davon nicht umstimmen. Ich bleibe standhaft.«

Wie du vorgehst: Du gehst zum Chef und sagst: Herr ..., ich muss mit Ihnen sprechen. Haben Sie einen Moment Zeit?

Chef: Ja, worum geht es?

Du: In letzter Zeit haben Sie mir fast täglich kurz vor Arbeitsende noch dringende Korrespondenz zum Erledigen gegeben. Dadurch bin ich immer eine Stunde oder noch später nach Hause gekommen. Mein Privatleben leidet darunter. Ich möchte pünktlich Schluss machen und wirklich nur noch in Ausnahmefällen länger bleiben.

Chef: Das kann ich Ihnen nicht versprechen. Sie wissen doch, wie das bei uns ist. Auch ich komme mit meiner Arbeit nicht nach und muss regelmäßig länger arbeiten oder mir Arbeiten mit nach Hause nehmen.

Du: Ja, ich weiß, wie das bei uns ist. Trotzdem möchte ich zukünftig pünktlich Schluss machen und nur in Ausnahmefällen länger arbeiten.

Chef: Wie stellen Sie sich das vor? Soll ich die Briefe selber tippen? Sie wissen doch, wie sehr ich Sie schätze. Ohne Sie bin ich aufgeschmissen. Die Belange der Firma gehen schließlich vor.

Der Verweis darauf, wie sehr er dich schätzt, dient vermutlich dazu, dich durch Schmeicheleien zu manipulieren.

Möglicherweise steckt auch eine Drohung dahinter, dass er dich nicht mehr schätzen könnte, wenn du keine Überstunden mehr machst.

Du: Es freut mich, dass Sie mich schätzen. Dann werden Sie sicher meinen Wunsch nach einem pünktlichem Arbeitsende respektieren und eine andere Lösung finden.

Chef: Was ist los mit Ihnen? So kenne ich Sie ja gar nicht. Sie waren doch sonst so kooperativ. Wir waren doch immer ein so gutes Gespann.

Du: Ja, wir arbeiten gut zusammen, und ich hoffe, dass es auch weiterhin so bleibt. Trotzdem möchte ich in Zukunft pünktlich Feierabend machen.

Chef (verärgert): Also hören Sie. Ich habe jetzt keine Zeit, mich mit Ihnen noch länger darüber zu streiten. Ich habe Wichtigeres zu tun und Sie wohl auch, oder?

Du: Sie haben recht. Wir haben beide viel zu tun. Mein Wunsch, pünktlich Schluss zu machen, ist für mich aber auch wichtig, und ich möchte, dass Sie das respektieren.

Was du beachten solltest:

1. Es geht nicht darum, Überstunden generell abzulehnen. Es geht nur darum, aus der Ausnahme keine Regel werden zu lassen.

2. Geh zum Chef und besprich dein Anliegen, ehe er kurz vor Feierabend wieder mit »wichtigen« Arbeiten kommt. So kann er sich darauf einstellen.

Sagst du ihm das, wenn er kurz vor Feierabend auf dich zukommt, dann kann er einwenden, er habe sich auf dich verlassen, und du müsstest jetzt die Arbeiten noch erledigen.

Allgemeine Vorschläge für das Äußern von Wünschen und Bedürfnissen

TIPP 1. Gebrauch keine Entschuldigungen, wenn du jemanden um etwas bittest. Du hast das Recht, andere um etwas zu bitten und die anderen haben das Recht, deine Bitte nicht zu erfüllen.

TIPP 2. Benutze die Ich-Form. Sag: »Ich möchte, ich brauche ...«

Auf diese Weise machst du dein Anliegen persönlich.

TIPP 3. Bring dein Anliegen so klar und kurz wie möglich zum Ausdruck. Keine ausschweifenden Erklärungen und Begründungen. In der Regel reichen 1 bis 2 Sätze aus, um ein Anliegen zu formulieren.

TIPP 4. Sag, was du willst (statt, was du nicht willst).

TIPP 5. Gib dem anderen eine Begründung für dein Anliegen. Erklär ihm, warum du ihn um einen Gefallen bittest. Das erhöht die Chancen für ein Ja enorm.

TIPP 6. Wenn du auf Anhieb keinen Erfolg hast, frag den anderen nach dem Grund für sein Nein.

Wenn du die Beweggründe für die Ablehnung kennst, kannst du ihn vielleicht umstimmen, indem du seine Begründung entkräftest.

Und wenn du den Grund für seine Ablehnung kennst, hilft dir das, leichter mit dem Nein zu leben, weil du vielleicht erfährst, dass das Nein nichts mit deiner Person zu tun hat.

167

TIPP 7. Wenn du Einwände kennst, die der andere für sein Nein vorbringen könnte, dann geh bei deinem Anliegen auf diese Einwände ein. Z.B.: »Ich weiß, dass du dich schwertust, ... Ich möchte dich trotzdem fragen, ob du ...«

Jetzt heißt es üben

Denk an eine Situation, in der du jemanden um einen Gefallen bitten möchtest.

Wie möchtest du in dieser Situation handeln? Schreib dein Wunschverhalten auf.

....

....

Überleg dir, in welcher Situation du eine berechtigte Forderung äußern möchtest und wie du diese formulieren möchtest.

....

....

12
Komplimente annehmen und machen

Ein Kompliment wirkt wie Hefe:
Es hilft anderen, sich zu entfalten.

Stell dir vor, jemand macht dir ein Kompliment, und das geht dir runter wie Öl. Du freust dich riesig und bist stolz.

Würdest du gerne lernen, so mit einem Lob umzugehen? Wenn Ja, dann findest du hier Tipps, wie dir das gelingen kann.

Selbstbewusste Menschen freuen sich über Komplimente und ein Lob. Und: Selbstbewusste Menschen loben oft und gerne.

»Das hast du gut gemacht.«, »Es ist schön mit dir zusammen zu sein.« oder »Du hast ein sehr gewinnendes Lächeln.« Nach solchen Komplimenten sehnen sich viele Menschen.

Bei diesen Komplimenten geht uns das Herz auf, wenn wir sie annehmen können. Wir empfinden Freude, Glück, unser Selbstvertrauen steigt und wir fühlen uns wertgeschätzt.

Die Freude ist umso größer, je wichtiger der andere Mensch

für uns ist und vielleicht auch, je seltener er ein solches Kompliment äußert.

Bei kleinen Kindern können wir beobachten, wie sie nach einem Lob sichtlich größer werden und stolz auf sich sind.

Es gibt aber auch Menschen, die sich schwertun, sich über ein Kompliment oder Lob zu freuen.

Warum Menschen Probleme haben, sich über ein Lob oder Kompliment zu freuen

Wie so oft, hat das mit Erfahrungen in der Kindheit zu tun. Hast du als Kind öfter gehört?

Bild dir darauf nichts ein. Das ist nichts Besonderes.

Hochmut kommt vor dem Fall.

Sei nicht so überheblich. Das gehört sich nicht.

Ein anderer Grund mag sein: Du hältst dich für einen Versager, für minderwertig und ein Mängelexemplar. Deshalb zweifelst du, dass es etwas Positives und Lobenswertes über dich zu sagen gibt.

Wenn du an dir selbst kein gutes Haar lässt und denkst, dass du nicht in Ordnung bist, dann kannst du anderen nicht glauben, dass deren Kompliment ehrlich gemeint ist.

▶ Du vermutest hinter dem Kompliment eine Schleimerei, Lobhudelei oder gar Manipulation.

▶ Du hast Angst, durch das Kompliment zu einer Gegenleistung verpflichtet zu sein.

▶ Du empfindest es als unangenehm, Aufmerksamkeit zu bekommen.

▶ Du hast Angst, arrogant zu wirken, wenn du das Kompliment annimmst.

Wie du auf ein Kompliment reagierst, wenn du so denkst:

▶ Du hängst sofort ein Gegenlob oder Kompliment an, um die Aufmerksamkeit wieder auf den anderen zu lenken.

▶ Du wertest das Kompliment ab oder verkleinerst es, indem du sagst: »So viel gehört auch wieder nicht dazu. Das ist nichts Besonderes. Das ist nicht der Rede wert.«

▶ Du wertest dich selbst ab und behauptest, dass deine Leistung nicht dein Verdienst ist.

▶ Du denkst dir: »Wenn er mich wirklich kennen würde, dann wüsste er, dass ich ein Loser bin und es nicht wert bin, gelobt zu werden.«

▶ Es ist dir peinlich, gelobt zu werden. Du wirst rot im Gesicht und bist verschüchtert.

▶ Du lenkst den Blick des anderen auf deine Schwächen und Misserfolge.

▶ Du machst innerlich den anderen klein, indem du denkst, dass er dir Honig um den Mund schmieren oder Sand in die Augen streuen möchte.

▶ Du weist auf die Nachteile dessen hin, was der andere gelobt hat. »Ja, das ist schon gut, aber ...«

▶ Du denkst, der andere will etwas von dir und ist nur deshalb nett zu dir.

▶ Du stellst das Kompliment in Frage: »Gefällt dir das wirklich? Das kann ich mir gar nicht vorstellen.«

Wie reagierst du auf Lob und Komplimente? Welche Gedanken gehen dir durch den Kopf, wenn dich jemand lobt? Notier dir hier deine Reaktionen.

....

....

Wie mit Lob und Komplimenten umgehen?

Was wäre ein hilfreicher Gedanke, der dir das Annehmen von Komplimenten erleichtert? Notier dir diesen.

....

TIPP 1. Ein Kompliment soll bewirken, dass du dich wohlfühlst. Also schau den anderen an und lächle. Wenn du verlegen zur Seite schaust oder deine Stirn in Falten legst, dann entwertest du das Kompliment. Der andere mag verunsichert sein.

TIPP 2. Bedanke dich, indem du Danke sagst. Du kannst auch etwas hinzufügen in der Art: »Freut mich.« »Sehr nett von dir.« »Ein Lob aus deinem Mund bedeutet mir viel.«

Du solltest das Kompliment
nicht sofort zurückgeben,
indem du dem anderen auch
ein Kompliment machst.

Das klingt nicht nur unehrlich,
du entwertest dadurch auch das Kompliment
des anderen.

Zu einem späteren Zeitpunkt
und wenn es passt,
kannst du ihm ebenfalls
ein Kompliment machen.

TIPP 3. Stell dich vor einen Spiegel. Stell dir vor, jemand macht dir ein Kompliment. Übe das Annehmen eines Kompliments vor dem Spiegel so lange, bis du dich dabei wohlfühlst.

Achte auf deine Körperhaltung und sag mit einem Lächeln: »Danke, nett von dir.« »Danke, das freut mich.«

Was dir das Annehmen eines Lobes erleichtert.

TIPP 1. Bevor wir ein Kompliment annehmen können, müssen wir überzeugt sein, dass wir Eigenschaften und Verhaltensweisen haben, die man positiv sehen kann.

TIPP 2. Wir müssen anderen zugestehen, dass diese etwas positiv sehen, das wir für selbstverständlich und nicht erwähnenswert halten.

Kannst du stolz auf etwas sein, was du getan hast? Hast du lobenswerte Eigenschaften? Notier dir 5 Eigenschaften und Verhaltensweisen, die du an dir für lobenswert hältst.

....

....

Wenn du damit Probleme hast,
ist das ein sicherer Hinweis darauf,
dass du lernen musst, deine Selbstachtung und
dein Selbstwertgefühl zu stärken.

Solange diese gering sind, tust du dich schwer,
Komplimente anzunehmen!

Wenn du dich schwertust, welche zu finden, dann sollte dies erst recht ein Ansporn sein, danach Ausschau zu halten!

TIPP 3. Ein Lob oder Kompliment dürfen wir annehmen. Gewöhnlich macht der andere das Kompliment freiwillig und fordert nichts dafür. Wir sind nicht überheblich, wenn wir uns darüber freuen.

Ein Kompliment abwehren oder kleinmachen, heißt, den anderen als Lügner und Heuchler hinzustellen! Willst du das?

Das sollte dich nachdenklich machen
Wenn dich jemand kritisiert,
wehrst du dann seine Kritik ab und
bezeichnest den anderen als Lügner?

Vermutlich Nein. Du schluckst die Kritik
bereitwillig und nimmst sie an.

Warum tust du das nicht bei Komplimenten?

TIPP 4. Auch wenn du das Kompliment vielleicht für übertrieben hältst, solltest du es als die persönliche Sichtweise des anderen annehmen. Der andere hat das Recht, Eigenschaften oder Verhaltensweisen von dir positiv zu sehen.

TIPP 5. Halte dir stets vor Augen: Dein Gegenüber macht sich die Mühe, dir etwas Nettes zu sagen. Er möchte dir mit seinem Kompliment eine Freude machen. Warum solltest du ihm den Wunsch nicht erfüllen und dich über sein Kompliment freuen?

Komplimente sind Geschenke,
die man nicht zurückweist,
sondern sich dafür bedankt.

Wie Komplimente machen?

Ein Kompliment zu machen ist Ausdruck dafür, dass dir etwas an einem anderen Menschen positiv aufgefallen ist.

Es zeigt, dass du Selbstbewusstsein hast, deine Meinung zu äußern.

Wenn du dich schwertust, zu loben, dann kannst du das üben und so besser darin werden.

So gehst du vor:

TIPP 1. Mach das Kompliment für eine konkrete Eigenschaft, ein konkretes äußeres Merkmal oder Verhalten. Vermeide pauschale Komplimente wie: »Du siehst großartig aus. Du bist ein toller Typ«.

Sag stattdessen:

»Das Kleid steht dir toll. Das hast du gut ausgewählt.«

»Dein Bericht über ... war klasse. Tolle Leistung. Du hast dir viel Mühe gegeben.«

»Ich mag deinen Humor.«

TIPP 2. Lächle, wenn du ein Kompliment machst, und sprich dein Lob mit Begeisterung aus.

TIPP 3. Schau den anderen an, wenn du ihn lobst.

TIPP 4. Meine dein Kompliment ernst, sag es also nicht einfach so dahin.

TIPP 5. Äußere dein Kompliment in wenigen Worten. Ein ausschweifendes oder übertriebenes Lob wirkt schnell unglaubwürdig.

Sich selbst loben

Ein Lob tut gut, wenn wir es annehmen können.

Es lässt den Tag heller erscheinen, unser Selbstvertrauen wächst und wir trauen uns mehr zu.

Warum loben wir uns selbst nicht häufiger, wo wir doch wissen, wie gut uns ein Lob tut?

Warum haben Menschen Probleme, sich selbst zu loben?

Wie so oft, hat das mit Erfahrungen in der Kindheit zu tun.

Vielleicht haben dir deine Eltern eingetrichtert: »Eigenlob stinkt.« Oder sie hielten es für Überheblichkeit, auf etwas stolz zu sein. Dann ist es nicht verwunderlich, wenn du dich schwertust, dich selbst zu loben.

Vielleicht wurdest du von deinen Eltern nur selten gelobt, dafür aber umso mehr kritisiert. So hast du gelernt, nur deine Schwächen und Fehler zu sehen.

Vielleicht waren deine Eltern nie mit deinen Leistungen zufrieden. Hattest du doch mal eine 1 in der Schule, war das kein Grund, dich zu freuen. Das war doch das Mindeste und Normalste der Welt.

So bist du heute stets mit dir und dem Erreichten unzufrieden.

Da du dir Perfektion auf deine Fahnen geschrieben hast, bist du nie zufrieden, weil ein bisschen mehr und besser geht doch immer, oder? Also wieder kein Grund, dich zu loben.

Aus diesem Grund bist du vielleicht auch der Meinung, nur durch Bestrafung in Form von Selbstkritik weiterzukommen und mehr zu erreichen. Jede Form der Lobhudelei würde dich nur selbstzufrieden machen und dich daran hindern, dich weiter anzustrengen.

Schließlich hielten es deine Eltern vielleicht auch für selbstverständlich, gute Noten nach Hause zu bringen. Das war nichts, was eines Lobes wert war. So gibt es auch heute für dich nichts, was lobenswert an dem ist, was du tust.

Warum es wichtig ist, zu lernen, sich selbst zu loben

Eigenlob ist eine Quelle guter Gefühle, die nie versiegt, wenn wir von ihr Gebrauch machen. Ebenso wie das Lob anderer uns (meistens) freut, wenn wir das Kompliment annehmen können, können wir uns auch mit einem eigenen Lob eine Freude machen.

Unser Lob kann z.B. so aussehen:

»Das ... hast du gut gemacht.«

»Super, dass du dich um ... bemüht hast.«

»Gut, dass du das ... durchgehalten hast.«

»Prima, du hast dein Versprechen für ... gehalten.«

»Das ist dir gut gelungen.«

Mit gutem Willen und ein bisschen Training kannst du immer etwas finden, das bei einer Aufgabe gut und lobenswert war - und wenn es nur die Bereitschaft war, etwas zu wagen.

> Wenn du Angst hast, durch Eigenlob eingebildet zu sein, warum hast du dann keine Angst, dich infolge von Selbstkritik minderwertig zu fühlen?

Willst du dich fair behandeln, dann musst du zumindest ein Gleichgewicht herstellen.

Das bedeutet: dein Verhalten bzw. deine Fehler angemessen kritisieren (nie deine Person) und Erfolge gebührend würdigen und stolz darauf sein.

Deine inneren Selbstgespräche sind verantwortlich für deine Gefühle. Bei Selbstkritik fühlst du dich schlecht, minderwertig, wütend, traurig - bestenfalls bist du nur enttäuscht von dir. Bei Selbstlob bist du zuversichtlich, motiviert und froh.

Du hast es also in der Hand, ob du dich mit dir wohlfühlst.

> Beherrschst du die Fertigkeit, dich selbst zu loben, bist du unabhängiger vom Lob anderer.

Was beim Eigenlob beachten?

Im Grunde gelten beim Eigenlob die gleichen Prinzipien, die du auch berücksichtigen solltest, wenn du anderen ein Lob machst.

Am besten wirkt ein Lob, wenn

▶ es auf eine konkrete Situation, Eigenschaft oder ein Verhalten bezogen ist.

▶ es angemessen ist.

Trainiere, dich selbst zu loben

TIPP 1: Gewöhne dir an, vor dem Einschlafen nochmals den Tag Revue passieren zu lassen. Überleg dir, was für dich heute gut gelaufen ist.

Finde täglich 3 Situationen, in denen du dein Verhalten loben kannst.

TIPP 2: Frage dich bei Aufgaben und Tätigkeiten: »Was habe ich gut gemacht?«, und lobe dich dafür, indem du dir sagst: »Klaus (setz hier deinen Vornamen ein), das hast du gut gemacht.«

TIPP 3: Wandle das Sprichwort »Eigenlob stinkt.« in »Eigenlob hilft.« um.

Jetzt heißt es üben

1. Denk an eine Situation aus der jüngsten Vergangenheit, in der dir jemand ein Kompliment gemacht hat.

Überleg dir, wie du das nächste Mal reagieren möchtest, wenn dich jemand lobt. Schreib deine Wunschreaktion auf.

....

....

2. Denk an eine Situation, in der du dich für etwas, das du erreicht oder geleistet hast, hättest loben können, stattdessen aber mit dir unzufrieden warst oder deine Leistung nicht der Rede wert hieltest.

Wie möchtest du das nächste Mal reagieren, wenn dir etwas gelingt? Schreib dein Wunschverhalten auf.

....

....

Glückwunsch

Der Moment ist gekommen, an dem ich mich von dir verabschiede. Ja, leider, aber so ist das im Leben. Man trifft sich, verbringt etwas Zeit miteinander und irgendwann trennen sich die Wege wieder.

Zunächst einmal möchte ich dich beglückwünschen. Du hast mein Buch mit fast 200 Seiten durchgelesen und machst dir die Mühe, meine abschließenden Worte zu lesen, in denen in der Regel sowieso nichts Großartiges mehr zu erwarten ist.

Ich hoffe, unsere gemeinsam verbrachte Zeit hat dich inspiriert und dir Mut gemacht, fester auf eigenen Beinen zu stehen. Vielleicht konnte ich nicht all deine Fragen zu deiner vollsten Zufriedenheit beantworten.

Dann nimm aus meinem Buch, was dich voranbringt, und schau nach einem anderen Coach, der dich da weiterbringt, wo ich aufgehört habe.

Natürlich kannst du mich jederzeit wieder als Reisebegleiter um Rat fragen, indem du in den Kapiteln des Buches liest. Das fände ich prima. Weil, du weisst ja: Dieses Buch ist keine Urlaubslektüre. Um von ihm viel zu profitieren, musst du immer wieder hineinschauen.

Und nicht vergessen: Das Erlernen selbstsicheren Verhaltens bedarf der Übung. Genausowenig wie du durch das Lesen eines Buches schwimmen lernst, lernst du durch das Lesen eines Buch, selbstbewusster zu werden.

Das erreichst du nur, wenn du den Mut aufbringst zu üben. Klar hast du erst mal ein mulmiges Gefühl im Magen, vielleicht sogar Angst, wenn du dic ersten Male ins kalte Wasser springst.

Mutig sein muss man trainieren.
Nur wenn man sich seiner Angst stellt,
verliert man sie und wird selbstbewusster.

Mit jeder gemeisterten Übung wird dein Selbstbewusstsein ein kleines Stück wachsen.

Behalte bitte immer auch im Hinterkopf, dass es dir nicht möglich sein wird, dich in einen jederzeit total selbstsicheren Menschen zu verwandeln.

Du kannst lernen, manche Unsicherheiten und Ängste abzubauen, andere werden dich weiterhin begleiten.

In manchen Situationen wirst du selbstsicher sein, in anderen unsicher reagieren.

Auch ich bin heute noch gelegentlich unsicher und schüchtern. Auch mir, dem Experten, gelingt es nicht immer, so selbstbewusst aufzutreten, wie ich es mir wünsche.

Aber ich betrachte das nicht als Katastrophe. Ich akzeptiere die Tatsache, dass ich ein Mensch mit Fehlern und Schwächen bin.

Viel wichtiger, als dich total umzukrempeln, scheint mir zu sein, dass du dich für deine Unsicherheit nicht verurteilst. Gelingt dir das, hast du einen großen Schritt vorwärts getan.

Mach Gebrauch von den Angeboten in deiner Stadt. In vielen Städten werden an der Volkshochschule sogenannte Selbstsicherheitstrainings angeboten. Ich empfehle dir wärmstens, einen solchen Kurs zu belegen.

In einer Gruppe kann man viele Fertigkeiten leichter, schneller und besser lernen als in einem Heimkursus wie diesem Buch. Auch bietet die Gruppe ein ideales Übungsfeld, um gewisse Fertigkeiten ohne Risiko zu trainieren, und Training ist enorm wichtig.

Mir bleibt jetzt an dieser Stelle nur noch, dir viel Erfolg auf deiner Reise zu einem gestärkten Selbstbewusstsein zu wünschen.

Alles Gute und viel Spaß mit deinem neugewonnen Selbstbewusstsein.

Rolf Merkle

Kostenlose Hilfen im Internet.
Leichter leben lernen & eigene Wege für
ein gutes Leben finden.

www.angst-panik-hilfe.de
Video-Informationen & Tests zu Angststörungen für
Betroffene und Angehörige

www.psychotipps.com
Selbsthilfe-Strategien und Tipps für die Bewältigung
persönlicher Probleme

www.partnerschaft-beziehung.de
Tipps für eine erfüllte Partnerschaft. Hilfe bei
Beziehungsproblemen

www.palverlag.de
Kostenlose psychologische Hilfen bei persönlichen
Problemen und Krisen

Lust auf positive Impulse?

Abonniere meinen kostenlosen 14-tägigen Newsletter

www.palverlag.de/newsletter.html

Mal angenommen: Heute wäre der letzte Tag in deinem Leben.

Würdest du heute tun, was du dir vorgenommen hast?

Wenn du diese Frage für mehrere Tage hintereinander mit Nein beantworten musst, dann ist es vermutlich an der Zeit, dein Leben zu ändern.

Überleg dir: Was ist mir wirklich wichtig? Was habe ich bisher vernachlässigt oder für zu wichtig gehalten?

Überdenk deine Prioritäten und gestalte dann dein Leben so, dass du die meiste Zeit tust, was dir wirklich wichtig ist.

aus dem Lebensfreude Kalender

Deutschlands meistgekaufter Kalender

300.000 Menschen lesen ihn täglich &
lassen sich von ihm beflügeln.

nur € 8,80
www.palverlag.de/Kalender.html

Wenn du dich selbst respektierst, dann kannst du deinen Respekt vor dir bewahren, auch wenn andere respektlos zu dir sind.

Wenn du deinen Wert davon abhängig machst, wie andere über dich denken, dann gehen deine Gefühle wie eine Schaukel auf und ab. Reden andere gut über dich, geht es dir gut. Reden sie schlecht über dich, dann geht es dir schlecht.

Aus dieser Abhängigkeit vom Urteil anderer kannst du dich befreien, wenn du selbst deinen Wert festlegst. Deshalb: Lerne, dich anzunehmen, dann ist es dir nicht so wichtig, wie andere von dir denken.

Den inneren Kritiker zähmen

Sich annehmen - auch wenn man nicht perfekt ist.

ROLF MERKLE

So gewinnen Sie mehr
Selbstvertrauen

Sich
annehmen

Freundschaft
mit sich
schließen,
den inneren
Kritiker
zähmen

paL

Sag Ja
zu dir

Bereits 320.000 Menschen vertrauten diesem Ratgeber

www.palverlag.de/Selbstvertrauen.html